Christa Meves

Bilanz aus 30 Jahren Fehlentwicklung
Trotzdem: Mut zur Zukunft

W0233724

Christa Meves

geboren 1925. Studium der Germanistik, Geographie und Philosophie an den Universitäten Breslau und Kiel, Staatsexamen in Hamburg, dort zusätzliches Studium der Psychologie. Fachausbildung in den Psychotherapeutischen Instituten Hannover und Göttingen. Freipraktizierende Kinder- und Jugendpsychotherapeutin in Uelzen, Arztfrau und Mutter zweier Töchter, sechs Enkel. 1987 Konversion zum katholischen Glauben.

Verliehene Auszeichnungen: 1974 Wilhelm-Bölsche-Medaille – 1976 Prix Amade – 1977 Goldmedaille des Herder Verlags – 1978 Niedersächsischer Verdienstorden – 1979 Konrad-Adenauer-Preis der Deutschlandstiftung – 1982 Sonnenscheinmedaille der Aktion Sorgenkind – 1984 Medal of Merit – 1985 Bundesverdienstkreuz erster Klasse – 1995 Preis der Stiftung Abendländische Besinnung – 1996 Preis für Wissenschaftliche Publizistik.

Über hundert Buchpublikationen, Übersetzungen in 13 Sprachen. Gesamtauflage in deutscher Sprache über fünf Millionen Exemplare.

Christa Meves

Bilanz aus 30 Jahren Fehlentwicklung
Trotzdem: Mut zur Zukunft

RESCH VERLAG

Die Deutsche Bibliothek – CIP-Einheitsaufnahme
Meves, Christa: Trotzdem: Mut zur Zukunft : Bilanz aus 30 Jahren
Fehlentwicklung / Christa Meves. – 1. Aufl. – Gräfelfing : Resch, 1998
ISBN 3-9300039-48-6

2. Auflage 2003
© 1998 Dr. Ingo Resch GmbH, Maria-Eich-Straße, D-82166 Gräfelfing
Alle Rechte vorbehalten
Umschlag, Gestaltung, Satz: Norbert Dinkel, München
Druck, Bindung: Jos. C. Huber KG, Dießen
Printed in Germany
ISBN 3-930039-48-6

Inhalt

Zeitzeichen

Unsere Zeit im Sauseschritt 9
Unbehagen diesseits und jenseits der Elbe 11
Versteckte Sehnsucht 14
Selbstbedienung. 17
Öffnungen 19
Undank als Unkultur 21
Frauen an die Waffen? 24
Natürliche Frische statt bleicher Dekadenz 27
Das irrende Gewissen 29
Räuberischer Staat. 32
Political Correctness 36
Unter die Räuber gefallen 39
In der Schuld der Gequälten 41
Religiöse Indoktrination 50
Unisono. 53
Unpopuläre Worte. 56

Bildung und Familie:
Mit dem Rücken zur Wand

Bildungsnotstand. 61
Kultur ohne Elite 63
Forschungsdurchbruch 66
Das Zwischenzeugnis 68
Jugend mahnt an 71
Und sie sind doch verschieden, Frau und Mann! 74
Am Beginn des visionären Zeitalters 77
Tugend will ermuntert sein 80

Ist „Mutter" nun endgültig out? 84
Die neue Chance – Abkehr von der
  Coedukationsschule 88
Frauenfrage ungelöst 91
Nicht ausbildungsfähige Jugend 95
Teuer bezahlter Fortschritt 98
Religionsunterricht im Abwind 101
Ja zum Mann – aber lebenslänglich 104
Schmerzensmütter 106

Auswüchse fordern heraus

Die Wahrheit über Ecstasy 113
Kinderkriminalität 116
Brandstifterseele 118
Eine traurige Bilanz 121
Trendwende 128
Grenzen der Toleranz 131
Jugend läßt sich nicht mehr für dumm verkaufen 135

Umkehr ist not!

Christen im Vorteil 141
Emporgereckte Hände 144
Umkehr ist not 146
Menetekel an der Wand des Welttheaters 150

Das Konzept der Essays –
ein eher persönliches Nachwort 155

Zeitzeichen

Unsere Zeit im Sauseschritt

Der Fortschritt läßt sich nun wirklich nicht leugnen – wenigstens bei der deutschen Bundesbahn nicht. Sanft gleitet der ICE in Hannover heran und verspricht, in rund zwei Stunden Frankfurt zu erreichen. Und er verspricht es nicht nur – er packt das auch. Mit atemberaubender Geschwindigkeit saust er durch die niedersächsischen und hessischen Tunnel, so daß man nur noch flüchtig die schöne deutsche Mittelgebirgslandschaft wahrnehmen kann. Und wie im Triumph männlichen Erfindergeistes werden rotblinkend die sich steigernden, immer noch steigernden Geschwindigkeitsgrade den staunenden Insassen für alle sichtbar über dem Türrahmen angezeigt – als Visitenkarte des Homo technicus im Siegesrausch über die Zeit. Und alles ist so neu, so perfekt, so mit Knopfdruck zu bedienen, von dem TV über jedem Sitz bis zur sich lautlos öffnenden Tür am Zielbahnhof. Immer schneller, immer eleganter, immer sauberer (wenn auch immer teurer) sausen wir der Zukunft entgegen.

Wir dürfen das gewiß dankbar genießen, wenn auch gleichzeitig – jedenfalls für den wachen Insassen unseres Schnellzuges Bundesrepublik ebenso wie im perfekten ICE – ein unheimliches Gefühl sich nicht gänzlich verdrängen läßt: Wenn sich unter einem sanften Signalton die ca. dreißig Türen gleichzeitig klickend geschlossen haben, wird Unausweichlichkeit zur Realität – eine nicht mehr revidierbare Endgültigkeit: Auf diese Schiene bin ich jetzt gebannt – mit einer Vielzahl von Mitreisenden bis zum Endbahnhof in einer Schicksalsgemeinschaft eingeschlossen. Bringt uns unser Luxuszug wirklich ans

Ziel? Ist mein Vertrauen in all die Konstrukteure, Techniker und Organisatoren gerechtfertigt? Läßt sich unser Rasen wirklich zu einem guten Ende bringen? Diese Frage beschleicht – nicht nur auf einer solchen Bahnfahrt.

Macht die Unruhe aber nun gar Beine und läßt einen Gang durch den Zug starten, so erlebt man Erstaunliches: Die meisten der Menschen sind – sanft gewiegt – bald schon eingeschlafen, am hellichten Tag! Die Genießer allerdings haben sich im Speisewagen versammelt und tafeln in gedämpfter Behaglichkeit – gelegentlich gibt es eine Skat-spielende Runde, ein paar Zeitungsleser, einige intensiv arbeitende Jungbürger in weitem Abstand von einer einsam-gequälten Mutter mit einem seinen Brei verweigernden brüllenden Kleinkind – aber sonst vornehmlich Schlafende, spätestens jenseits von Kassel! Schlafen wir Bundesbürger allesamt auf einem anscheinend sicher eingefahrenen Gleis unserem Ziel entgegen? Antwortet unsere Seele dem Dauerbombardement bedrückender Nachrichten aus der Röhre auf diese Weise? Antwortet sie mit Schock-Schläfrigkeit? Lassen wir alles laufen, weil wir mehr oder weniger stumpf erkannt haben, daß wir ohnehin keine Möglichkeit zum Ausstieg haben?

Aber können wir uns wirklich soviel Schlaf leisten? Ist unser Ziel vielleicht nur vorläufig, und sollten wir uns während unserer dann doch nur vorübergehenden, die Beweglichkeit einschränkenden Eingleisigkeit nicht schleunigst darauf vorbereiten, was getan werden muß, wenn sich unser Spielraum wieder erweitert? Können wir wirklich dem Schnellzug auf den eingebahnten Schienen weiter passiv die Initiative überlassen? Ist unser Fortschritt nicht längst an die Grenzen seiner leichtfertigen Maßlosigkeit gestoßen? Wie lange wollen wir es beim Schlemmen, beim Vollrieseln und Hindösen belassen? Wie lange machen wir alle noch weiterhin einen Bogen um die Mutter mit ihrem einen, selten gewordenen Kind, obgleich es doch der alleinige Garant unserer Zukunft ist? Wie lange meinen wir, es ginge nur Leute, die dummerweise noch Kinder in die Welt gesetzt haben, allein etwas an, wie die mit ihnen durch eine sie desorientierende und dennoch verrückt strapazierende Schule kommen – wie durch eine Jugendzeit, die mit verführerischen Fallen geradzu übersät ist – wie durch eine Ausbildung, die sich lang und länger, bang und bänger hinzieht, um schließlich in Arbeitslosigkeit zu enden?

Und über vieles andere sollten wir uns darüber hinaus endlich angemessen beunruhigen: über die Abkehr so vieler Menschen vom Christentum, über die hohen Scheidungs- und Abtreibungszahlen, über die boomende Kriminalität – sogar schon bei vernachlässigten Kindern –, über die Enttabuierung der Pornographie, die Kinderfänger produziert... Wie lange meinen wir, es bei Trostpflästerchen und Augenwischerei belassen zu können, obgleich die Revision ganz in der Tiefe, im Geist, und mit ernüchtertem ideologiefreien Realitätssinn beginnen müßte?

Reicht unsere Nachdenklichkeit nur bis zum Konsumentendruckknopf, statt sich der Frage zu stellen, wohin dieser schöne Zug in Wirklichkeit rast? Sie ist so lautlos perfekt, unsere Fortschrittsbahn, gewiß – und doch sollte uns gerade das zu einer zur Zeit immerhin noch möglichen Unruhe veranlassen...

Unbehagen diesseits und jenseits der Elbe

Kommt man aus den neuen Bundesländern heim von den Tagungen und Veranstaltungen, bei denen es um Kindererziehung ging, dann verdichtet sich die Schar der Zuhörer zu einem einzigen Gesicht: Es hat einen sehr offenen, fragenden, aber fundamental rätselnden Ausdruck. Da ist wohl einerseits Erkenntnis über das Unzulängliche der Diktatur, in der man zu leben hatte, aber da ist auch ganz viel Irritation über die zweifelhaften Segnungen, die das Leben in Freiheit nun beschert. Jetzt, nachdem die Befreitheit zum Alltag geworden ist, wird das gelegentlich sogar schon tapfer kritisch artikuliert: „Aber die Vorstellung, nun ins christliche Abendland re-integriert zu werden, die hat sich auch als Illusion herausgestellt", sagt ein Handwerker aus dem Aichsfeld. „Das Enttäuschende ist", weiß eine Mutter, „daß die Kinder in den Schulen nun überhaupt keine geistige Orientierung mehr bekommen." – „Eine Fülle von Angeboten wird ihnen nach Selbstbedienungsmanier vor die Füße geworfen, und wenn sie dann wenigstens diesen blöden Sexualkundeunterricht unterlassen würden, der die Kinder doch bloß zum Sex verführt", ergänzt eine Dritte. Und ein älterer Herr resümiert: „Zu DDR-Zeiten durften sich unsere Kinder begeistern für die großen voranschreitenden Helden auf dem Weg zum Arbeiterparadies. Das machte sie einsatzfreudig; denn es gab ihnen Ziele vor. Für wen oder was sollen sie sich jetzt begeistern? Für die um die Macht rangelnden Parteipolitiker? Die taugen kaum als Vorbilder, und so geraten sie an Guildo Horn und bestenfalls an Boris, Steffi oder Klinsmann. Aber die verschwinden viel zu rasch wieder von der Bühne. Das trägt doch nicht auf die Dauer", schließt er bitter.

Im Grunde entsprechen solche Erfahrungsbilanzen durchaus den kritischen Beanstandungen von nachdenklichen Menschen aus den alten Bundesländern. Das Großexperiment, einen durch Krieg an den Status Null versetzten Volksstamm 50 Jahre lang zwei konträren Wirtschaftssystemen und zwei unterschiedlichen Geisteshaltungen auszusetzen, hat eindrucksvolle Ergebnisse erbracht. Es hat gezeigt, daß eine straffe Führung mit einer (wenn auch ideologischen) überpersönlichen Zielvorstellung den geistigen Bedürfnissen dieser Bevölkerungsgruppe anscheinend mehr entspricht als das Leben in einer Art Schlaraffenland mit einem fülligen Angebot materieller Gebrauchsgegenstände.

Es hat sich in der ehemaligen DDR auch – merkwürdig analog zum Verführungsangebot durch das Hitlerregime – erwiesen, daß die Deutschen offenbar sogar von einer besonders begeisterungsfähigen Art sind, eine Schicksalsgemeinschaft, die auf Vorbilder besonders positiv reagiert und die zu hohem Einsatz für andere, für Überpersönliches motivierbar ist. Aber diese ihre Eigenschaft macht sie vielleicht auch mehr suggestibel, mehr manipulierbar als andere Völker. Sie sind anscheinend besonders anfällig für ideologische Verführer: für den ihnen, so glaubten sie, „heil"-bringenden Hitler, der sich aber als ihr Verderber erwies, ebenso wie für den „Generalissimus Stalin". Daß auch dieser ein Massenschlächter war, hatte verdrängt zu werden.

Von einer solchen Vorgeschichte her ist es eigentlich durchaus verstehbar, warum der westliche Zeitgeist so penetrant allergisch auf überpersönliche Ideale reagiert – und dennoch ist das unbekömmlich, wie besonders die Orientierungslosigkeit, die Trivialisierung und die Wohlstandsverwahrlosung vieler Jugendlicher sichtbar macht. Die jungen Menschen in unserem Land, so zeigt sich, suchen oft geradezu vehement Vorbilder, denen sie nacheifern könnten – am besten nicht solche der Vergangenheit, die ihnen verstaubt erscheinen, sondern lebendige Menschen, die man bewundern, denen man nachstreben kann, wie z. B. Mutter Teresa oder den Papst.

Ein neuer heiliger Georg wäre im Grunde gefragt, einer, der in der Lage ist, die Prinzessin, das Symbol edler Hoheit, wieder aus dem Bann unseres neumodischen Drachen, dem liberalen Materialismus, zu befreien. Unsere jüngste Geschichte zeigt, daß dem Volk der Dichter und Denker der Tanz um das Goldene Kalb als höchstes Ideal nicht genügt. Es wird darüber unglücklich und seelisch krank; denn sein bestes Teil: der Sinn für Opfergeist, für persönliche Verehrung und Begeisterung für überpersönliche Ziele kann auf diese Weise nicht befriedigt werden.

In aller Nüchternheit sollte uns das unser Experiment mit dem Egotrip lehren: Es geht nicht ohne die Orientierung an einer den Menschen hinanziehenden Instanz. Der Mensch hat ein urtümliches Bedürfnis nach Fortschritt, nach einer ihn kultivierenden Aufwärtsentwicklung. Rückfall auf niedere Ebenen lassen ihn letztlich unglücklich werden, so sehr er auch aus Bequemlichkeit für das Tier im Menschen empfänglich ist.

Sollten wir nicht endlich begreifen, daß die materialistischen oder scheinreligiösen Irrlichter dazu angetan sind, das eigentliche Ziel zu verfehlen – nämlich die Orientierung an derjenigen Instanz, auf die die Sehnsucht letztlich gerichtet ist: an Gott? Und das Christentum bietet den Suchenden in ihrem Bedürfnis nach konkreten Vorbildern in Christus schließlich eine Gestalt, die das in Wahrheit befriedigt.

Hegel hat uns ins Stammbuch geschrieben: Wer aus der Geschichte nichts lernt, der ist verdammt, sie zu wiederholen, bis er die Lektion verstanden hat. Eilig sollten wir deshalb alles tun, um träge Blindheit aus unseren Augen zu reiben. Es ist dringlich, daß wir uns nun auch der Bewältigung der jüngsten 50 Jahre Vergangenheit, der Nachkriegszeit in West und Ost, zuwenden.

Versteckte Sehnsucht

Wie hüpfen sie da in den viele Werbespots über den Bildschirm: unsere süßen Kleinen, Schokolade und Joghurt schleckend, von bekleckerten Pullovern gereinigt, von heimkehrenden Vätern umarmt, bei genüßlichen Mahlzeiten in eleganten Wohnküchen im Kreis der intakten Familie gefilmt – herrlich heile Welt!

Die Sehnsucht nach ihr in dieser Form muß in den letzten Jahren enorm gewachsen sein; denn sonst würden die cleveren Designer – auf psychologisch werbewirksamen Erfolg eingeschworen – Motive dieser Art nicht in so großer Zahl vorziehen. Und das läßt auch die Motivation zum Werbefilmthema „Kind" aufscheinen: Sehnsucht, welcher Art auch immer, wächst auf dem Boden des Mangels. Freilich wird im Mainstream alles getan, um ihn nicht ins Bewußtsein geraten zu lassen, aber das Unbewußte signalisiert die Wunschträume umso deutlicher.

Doch der faktische Mangel ist eklatant: Die Bevölkerung Deutschlands wird seit Jahren nur noch zu 60 % durch Kinderzuwachs ersetzt, in Berlin kamen 1996 auf tausend Geburten 390 registrierte Aborte, von 2,6 Kindern im Jahr 1965 sank die Zahl bis heute auf 1,3 Kind pro Familie. Aber selbst diese sogenannte Nuklearfamilie (Vater, Mutter plus ein Kind) ist immer mehr im Schwinden begriffen: In Deutschland gibt es – bedingt durch den hohen Scheidungslevel – 1.400.000 Alleinerziehende mit 1.900.000 Kindern unter 18 Jahren, die eher in seltenen Fällen wirklich ganztägig von diesen allein erzogen werden. Viele von ihnen haben mit ihren Erzeugern allenfalls eine Schlaf- und Feriengemeinschaft. Sie sind Pendler am Rande unserer Gesellschaft zwischen Vätern mit Stiefmüttern oder mit Lebensgefährtinnen, Müttern mit wechselnden Lovern, hingestreut in die Zerreißprobe von Kreidekreisen, die sich in flexibler Fluktuation auch noch häufig neu ausbilden, Verwaiste, denen die Familie als Zukunftsvision zwar noch als Wunsch im Herzen ist, ohne aber die Schwelle des Negativ-Erlebten durch eigene Familienbildung noch überschreiten zu können.

Und obgleich die negativen Auswirkungen eklatant bedrohlich in Erscheinung treten – in Gestalt eines millionenfachen Suchtpotentials, in Gestalt von nicht mehr in den Arbeitsprozeß vermittelbaren Arbeitslosen, in Gestalt von überlasteten Krankenkassen und überfüllten Gefängnissen, in Gestalt eines gigantischen Schuldenberges des Staates, in Gestalt nicht mehr bezahlbarer Renten –, ist keinerlei Einsicht über die Zusammenhänge in Sicht.

Als in einsamer Konsequenz und dem Bewußtsein, daß die Industrienationen im Begriff sind, einer „Kultur des Todes" zu erliegen, der Papst den katholischen Beratungsstellen empfahl, keine „Tötungslizenzen" zur Abtreibung durch das Unterschreiben von Beratungsscheinen mehr auszustellen (um auf diese Weise zu markieren, daß es eine Selbstbestimmung, das Kind zu töten, nicht geben kann), machten die Medien diese römische Anmahnung zum Super-Thema der Empörung. „Machtanmaßung", „Unbarmherzigkeit gegenüber den Frauen" wurde dem Papst aus allen Kanälen attestiert. Aber wer wagt es klarzustellen, daß die erwünschte „Entscheidung für die Frau" (und gegen das Kind!) eine Entscheidung gegen ihre eigene Zukunft ist – zugunsten einer scheinbar selbstbestimmten Gegenwart?

Wer wagt es zu artikulieren, daß hier in auftrumpfender Kurzsichtigkeit vor allem an der Forderung festgehalten werden soll, daß die moderne Frau eine gleiche Lebensform zu leben habe wie der Mann? Wer wagt es zu erkennen, daß dabei auf der ganzen Linie nicht echte Selbstbestimmung der Frau entstanden ist, sondern eine Dressur des anpassungsbereiten Geschlechts in eine Richtung, die ihrem Wesen, ihrer eigentlichen Wirklichkeit nur unzureichend entspricht? Wer erkennt, daß die zum Neutrum zerhungerte Frau, die mit dem diplomierten Uni-Zertifikat und der Pille in der Tasche zur Unnatürlichkeit, zur Gebärunfähigkeit und -unwilligkeit manipuliert wurde, die die Sehnsüchte ihrer betrogenen, weinenden Seele nur noch in der Freude an kinderfreundlichen Werbespots versteckt sichtbar werden lassen kann? Und selbst das hier dargestellte „ideale Kind" droht bereits hinter Katz' und Hund, ja schließlich in der Regression auf Puppe und Kuscheltier zu versinken.

Wer hat soviel Verantwortungsbewußtsein, aus der so durchgängig negativen Bilanz den Schluß zu ziehen, daß es nötig ist, die Frau mit einem Spielraum zu beschenken, der es ihr ermöglicht, unverbogen erwachsen zu werden, statt durch Vernachlässigung ihrer natürlicher Vorgaben einer trotzigen Emanzipation von Gott in Schule und Ausbildung weiter unreflektiert Vorrang zu geben?

Wer von den Politikern zieht aus den verheerenden Zahlenbilanzen den Schluß, daß in später Stunde alles nur Erdenkbare zur Reanimierung der ersterbenden Familie getan werden müßte? Denn nur so ließe sich das Lebensrecht des Kindes besser wahren und damit auch die seelische Gesundheit und das Glück der Frau – als Garant unser aller Zukunft.

Selbstbedienung

Den Enkeln kann man das allenfalls in staunende Augen hinein erzählen: wie wir Alten einst einkauften. Die meisten Nahrungsmittel in sogenannten Kolonialwarenhandlungen mit einer freundlichen, betulichen, immer ebenso kaufmännisch geschickt wie individuell beratenden Bedienung, eben der „Tante Emma", einer im Umfeld fast zur Verwandten avancierten Person – Informationsforum auch für alles und jedes, was sich im Kilometer Umfeld zutrug... Aber dann mußte weitergetrabt werden: vom Bäcker zum Schlachter, zum Papiergeschäft, zum Schuster – zwar zeitraubend, aber dennoch reizvoll, eben wegen der allerseits persönlichen Note.

Heute haben wir im Supermarkt fast alle Notwendigkeiten des Haushaltes samt der neuen technischen Geräte unter einem Dach, und wir dürfen uns bedienen. Zunächst erwies sich das als ein großer Fortschritt für den Gewinn der Kaufleute; denn ihr Publikum wurde zunehmend kauffreudiger – oft *zu* kauffreudig, jedenfalls seit die Kreditkarte nun auch noch zum häufigen Zahlungsmittel geworden ist. Allzuoft – so erwies jüngst eine Untersuchung – wird dadurch unbedacht das Konto überzogen. Riesenprobleme aber erwachsen aus den seit Jahrzehnten boomenden Ladendiebstählen, die das „Haben" der Unternehmer nicht selten ins „Soll" verschieben und hohe Versicherungen sowie zusätzlich detektivische Personalkosten verursachen.

Es stellt sich so die bange Frage: Erweist sich der Wille des Menschen als zu schwach, um der Versuchung zu einer letztlich vor allem ihn selbst (moralisch) beschädigenden räuberischen Selbstbedienung zu widerstehen?

Diese Frage bezieht sich nicht auf den Modus der Selbstbedienung in unseren Einkaufszentren allein. Sie ist in vielerlei Hinsicht zum Problem geworden; denn auch andere Bereiche unseres Lebens tragen mittlerweile den Charakter der Selbstbedienung. Wie breitet sich diese Mentalität z. B. allabendlich beim Fernsehen aus, seit uns die Verkabelung beschert worden ist! Auch hier hat das große Wühlen in der feilgehaltenen Ware begonnen: Es ist mit dem merkwürdigen Terminus „Zappen" belegt worden. Und auch hier zeigt sich die enorme Anfechtbarkeit des Menschen, diesmal als Versuchung zum Billigen, zum Trivialen, ja, zum Groben. Jedenfalls belegen das die Einschaltquoten und lösen so einen Sog zur Niveaulosigkeit aus.

Und was für ein Selbstbedienungsladen ist erst das Internet, in dem wir nun voll staunender Neugier surfen! Wo hier die Teufelsklauen sitzen, läßt sich noch nicht endgültig belegen, nur allenfalls erahnen...

Noch auf einem weiteren Feld zeigt unsere neumodische Selbstbedienungsmentalität ihre Unangemessenheit für die Seele des Menschen – und zwar im Schulbereich. Obgleich es hier einerseits überreichliche Reglementierung gibt, setzt die Pädagogik oft andererseits in einem Unmaß auf „Wahlfreiheit" und überfordert damit den noch im Werden befindlichen Menschengeist. Da gibt es den Selbstbedienungsladen der Fächerwahl auf der Oberstufe der Gymnasien, da gibt es den Selbstbedienungsladen Sexualität via Aufklärungsmaterial und Sexualkundeunterricht, nach dem Motto: „Kinder, probiert alles aus!", und vor allem den Selbstbedienungsladen Ethik und Religion. Da wird – mehr oder weniger schmackhaft bzw. unschmackhaft – angeboten, was die Menschen an Weltanschauungen und Gottesvorstellungen entwickelt haben, und den Kindern dann die scheinbar „objektiv" präsentierte Ware zum Gebrauch freigegeben.

Aber je größer die Fülle, umso weniger lockt diese Kost – sie ist zu sachlich cool, rationalistisch, technizistisch, sie berührt nicht, obgleich Jugendzeit nun einmal Gefühlsaufbruch bedeutet. Und so geschieht es, daß diese Selbstbedienungsläden achselzuckend verlassen werden und ein anderer, der sich gleich nebenan in den dunklen Gassen etabliert hat, zur Verlockung wird: der Markt der Möglichkeiten auf dem Sektor Gefühlsrausch; denn hier steht den Kids endlich etwas geheimnisvoll Unbekanntes, Anziehendes zur Verfügung – ebenfalls parat zu aufregend-verbotener, aber doch leicht zugänglicher Selbstbedienung – von der Mohnpfeife bis zum Satanskult. Die Bilanz der Zerstörung ist schrecklich, sind unsere Jugendlichen doch nur noch eine kostbar kleine und in Zukunft dringend gebrauchte Gruppierung.

So beschämend das Gesamtresultat ist: Der Selbstbedienungsladen hat sich für den schwachen Menschen ganz offensichtlich als eine Nummer zu groß erwiesen. Daraus ergibt sich die Konsequenz: Die Menschheit hat in überheblicher Kraftmeierei ihre Möglichkeiten zu schrankenloser Selbstbestimmung überschätzt. Sie bedarf einer realistischen Einsicht in ihre Erbärmlichkeit, sie bedarf der Rückkehr zur Demut, um daraus orientierende Schutzzäune zu entwickeln: für alle – in jeder Altersstufe –, besonders aber für die Jungen.

Öffnungen

Eine der mächtigsten Schubkräfte unserer Zeit ist die Tendenz zur Offenheit. Was ist nicht in einem Lebensalter alles geöffnet worden, was vorher unter festem Verschluß war – im Hinblick auf die Sitten ebenso wie im Bereich der Politik. Offenheit, und das heißt hier: Toleranz, herrscht neu in diesem Jahrhundert im Bereich unserer sozialen Beziehungen: Offen darf man in wilder Ehe leben, offen uneheliche Kinder aufziehen. Tolerabel ist es, fremdzugehen, sich scheiden zu lassen und erneut zu heiraten. Geöffnet sind wir für jegliche Lebensgefährtenschaft mit Angehörigen der fernsten Kulturkreise.

Wir Frauen sind geradezu in einen Rausch der Offenheit geraten – im Hinblick auf die Erlaubnis, unsere Körper mehr und mehr nackt zur Schau zu tragen ebenso wie mit dem Ruf nach der Quote. Gremien jeglicher Art haben den Frauen die Tore einladend weit geöffnet. Selbstverständlich stehen uns Frauen – von wenigen Ausnahmen abgesehen – neu auch alle Berufe zur Verfügung, die früher sehr ausschließlich Männern vorbehalten waren.

Politisch läßt sich geradezu von einem internationalen Glasnost-Wunder sprechen – von fallenden Mauern bis hin zum Abbruch einst festgeschlossener kommunistischer Strukturen und den europäisierenden Bestrebungen der Ostblockländer, sowie all dem, was uns täglich in den Medien mit den vielen Bildern sich in die offenen Arme fallender Politiker serviert wird...

Auch vor den Kirchentoren macht das Einander-Zufließen und Hinströmen nicht halt. Der Ruf nach Ökumene schwemmt jede Menge Vorbehalte hinweg. Selbst der Papst hat sich in Assisi mit den höchsten Würdenträgern der Weltreligionen in trauter Gemeinsamkeit der Öffentlichkeit gestellt. Wird Schillers Vision in der Ode an die Freude von dem Kuß für die ganze Welt schöne Wirklichkeit?

Kürzlich hat angesichts dieser Situation ein Pastor aus Berlin eine sarkastische Feststellung getroffen: „Wer nach allen Seiten offen ist, kann nicht ganz dicht sein", hat er gemeint und damit kritisch auf die Gefahr einer unbedachten Übertreibung mit der Offenheit hingewiesen. Die schlichte, nüchterne Wahrheit dieses Ausspruchs läßt sich nicht bestreiten. Aber darüber hinaus bedient er sich eines Wortspiels: „Nicht ganz dicht sein", entspricht einer abfälligen Bemerkung aus dem Volksmund. Gekennzeichnet wird damit ein Verhalten, das nicht mehr realitätsbezogen ist, das durch übertriebene Aktivitäten, Ausweitungen, Anschaffungen, Taktlosigkeiten und Exaltationen im wahrsten Sinne des Wortes „aus dem Rahmen fällt".

Der unzeitgemäße Ausruf wird nachgerade zur Mahnung,

wenn man die Betonung auf das Wort „alle" legt. Nach allen Seiten offen zu sein, heißt, grenzenlos zu werden in einer Weise, die Realitätsverlust bedeutet. Nach allen Seiten offen sein beschwört die Gefahr herauf, seine Substanz einzubüßen, sich zu verströmen, zu zerrinnen, zu zerlaufen und in einem unterschiedslosen Einheitsbrei zu versinken.

So befreiend uns viele unserer neuen Öffnungen erscheinen mögen: Die Übertreibung damit läßt eine gefährliche Maßlosigkeit auch hier sichtbar werden. Im Bereich der Kriminalität wird das besonders sichtbar: Wer es hier mit der Öffnung zu weit treibt, so daß in der Identifikation mit dem Angreifer – sprich dem Rechtsbrecher – schließlich die Gefängnisse zu weit geöffnet werden, bewirkt eine derartige Schutzlosigkeit der Bevölkerung, daß dort Abschottung zu boomen beginnt. Sich abzuschließen – am Aufschwung der Türschloßindustrie wird das deutlich – kennzeichnet die folgerichtig einsetzende Gegenbewegung. Sie wäre nicht nötig, wenn die Öffner bei ihren Bestrebungen vorsichtiger, realitätsgerechter mit diesen schwierigen Problemen umgegangen wären. Stattdessen haben sie sich durch ihre unrealistischen ideologischen Anordnungen als nicht „ganz dicht" erwiesen. Vorsicht auf der ganzen Linie sollte bei allen jenen Öffnungsbestrebungen angezeigt sein, die altbewährte Grundstrukturen zu schleifen suchen – von den Konfessionen bis zu den Nationen. Nur das sorgsame, realistische Maß kann uns vor Wolkenkuckucksheimen bewahren, die schließlich ebenso zum Ruin führen müssen wie eingemauerte, abgeschottete, bis an die Zähne bewaffnete Diktaturen. Les extremes se touchent – auch hier!

Undank als Unkultur

„Undank ist immer eine Art Schwäche", hat der kluge Goethe formuliert, und er fährt fort: „Ich habe nie gesehen, daß tüchtige Menschen wären undankbar gewesen". In unserer Gesellschaft scheint der Undank als Verhaltensstil – womöglich sogar als ein Merkmal von Untüchtigkeit? – immer häufiger zu werden.

Besonders deutlich wird das heute oft am Umgang mit dem abtretenden Chef eines Werkes, mit dem Emeritus eines Forschungsinstitutes, mit dem ausscheidenden Gründer einer Einrichtung erkennbar. Viele solcher Neuschöpfungen gingen in der BRD der Nachkriegszeit auf die Initiative eines kraftvollen Gründers zurück. Dieser eine vor allem bewirkte durch seinen unermüdlichen Einsatz das Gedeihen der Institution: eines Bildungshauses, einer Begegnungsstätte, einer Fachklinik, eines Forschungszweiges, eines Hilfswerkes – prachtvoll gediehen stehen sie in großer Fülle in unserer Landschaft. Jetzt aber naht immer häufiger die Zeit, in der der Initiator abtritt. Es ist ein bedenkliches Zeichen von Niedergang in die Unkultur, daß das Gerangel um den Nachfolger immer häufiger den brutalen Forkelkämpfen von Herdentieren gleicht, in denen der Platzhirsch aus der Arena gedrängt wird. Und wenn diese Phase unter oft grausamen Blessuren des „Alten" vonstatten gegangen ist, muß auch noch die angeblich „verkrustete" Chefetage brutal mit abgeräumt werden, ohne mit pfleglicher Lernbereitschaft den Rat erfahrener Mitarbeiter in Anspruch nehmen zu wollen, was nicht selten zum raschen Zerfall des Ganzen führt.

Aber mit und ohne ihn bedeutet diese Verfahrensweise eine geradezu dumme Stillosigkeit, die besonders dann zu beschämender Peinlichkeit wird, wenn es sich um eine kirchliche Einrichtung handelt, wo man doch voraussetzen müßte, daß die forschen Nachfolger schon einmal etwas von christlicher Brüderlichkeit gehört und die Paulusbriefe gelesen hätten. Aber auch hier werden oft die Personen ausgeschaltet und vergessen, die sich verdient gemacht haben beim Aufbau des Werkes: die sich zurückstellten, die aus Liebe verzichteten, die bei einer überpersönlichen Sache selbstlos dienten. Umso schneller muß der Wert solcher Mitarbeiter verdrängt werden, als ihre Handlungen, Ratschläge, Anweisungen oder Prognosen sich im Nachhinein als besonders bedeutsam und wahr erwiesen.

Ein weiteres eindrucksvolles Beispiel geben die vielen verantwortungsbewußten und tatkräftigen Personen ab, die in den vergangenen 40 Jahren – unbeirrt von aller politischen Absicht in Ost und West, die Gespaltenheit Deutschlands aufrecht zu erhalten und zu verfestigen – sich in unermüdlicher Hartnäckigkeit dafür einsetzten, Brücken zu schlagen und Grausamkeiten von Schicksalen in der Satellitendiktatur DDR zu mindern. Das war heroischer, jenseits des eisernen Vorhangs sogar oft mit dem Verlust der Freiheit bezahlter Widerstand.

Wird ihnen gebührende dankbare Beachtung zuteil? Mitnichten! Auf den Thronsesseln der Mächtigen und der Medien haben eher die Wendehälse das Sagen, und von einem angemessenen Dank gegen die tapferen Einzelkämpfer ist nicht die Rede! Dabei ließe sich von ihrer Art zu denken für die Zukunft soviel lernen; es wäre so notwendig, ihr Verhalten der Jugend als Vorbild vorzugeben, um ihr konstruktive Orientierung zu vermitteln. Aber solches Vergessen signalisiert mehr noch als nur eine törichte Ellenbogenmentalität: Ein solches Verhalten signalisiert Gottesferne; denn der Mensch, der meint, allein der Schmied seines Glücks zu sein, kennt vor allem ein Bestreben: den Konkurrenten auszustechen und bei welchem Etappenziel auch immer als Sieger durchs Ziel zu laufen.

Der echt gläubige Mensch hingegen ist vor allem ein seinem Schöpfer dankbares Geschöpf. Das Pflegen einer gehorsamen Dankbarkeit gegen IHN fördert die Dankbarkeit als Charakterzug auch gegen Mitmenschen – und schon ganz und gar gegen besonders verdiente.

Das liegt daran, daß der Mensch, der sich seinem Gott verpflichtet weiß, die Bereitschaft zum selbstlosen Einsatz für eine gute, gottgefällige Sache hält und sich deshalb darum bemüht. Und diese Haltung läßt ihn offen dafür werden, sich über ähnliches Verhalten bei einem Nebenmenschen freuen zu können. Worte und Handlungen der Anerkennung, des Dankes sind dann keine Höflichkeitsgesten, sondern spontane Bekundungen einer Gemeinsamkeit in der überpersönlichen Zielsetzung.

So entsteht – weit über alle Formalität hinaus – ein Anstand des Herzens. Er ist der Urgrund aller Kultur und macht so sichtbar, daß selbst die Dankbarkeit ohne die Priorität echter Glaubenstiefe allenfalls leerer Schall ohne Wirklichkeit bleibt. Viele unserer „Pleiten" sind im weitesten Sinn die Folge unserer Gottvergessenheit. Ein Neuanfang im Geist ist gefragt, wenn selbst die Tüchtigkeit in Zukunft nicht aussterben soll!

Frauen an die Waffen?

Die Zahl der Wehrdienstverweigerer wächst von Jahrgang zu Jahrgang. „Nein, danke", sagen ungezählte junge Männer. „Wir lehnen es ab, Mörder zu werden. Das widerspricht unserer Moralvorstellung." Und manche, die seit ihrer Konfirmation mit der Kirche und deren altem Glauben nichts mehr am Hut hatten, zitieren in ihren Anträgen das Backen-Gleichnis von Jesus Christus aus der Bergpredigt, um darüber hinaus ihre Verweigerung zu begründen.

Guter Rat wäre teuer, wenn es in unserer Republik nicht gleichzeitig ein Potential an jungen Menschen gäbe, die – in diesem Punkt unbedenklicher – bereit wären, die Lücke zu füllen: Frauen nämlich, die eine völlig andere Motivation für das Ja zur Bundeswehr und den Dienst an der Waffe bewegt. Für diese ist die Armee die letzte Barriere, die im Kampf gegen die Männer um die totale Gleichberechtigung der Frau noch zu nehmen ist. Es ist die Phalanx der Feministinnen, die jegliche – einst reichlich vorhandenen – pazifistischen Töne um der Devise der Gleichberechtigung willen verdrängen; denn begreiflicherweise reicht es ihnen nicht, daß seit einigen Jahren im Bereich des Sanitätsdienstes weibliche Offiziere und Unteroffiziere im Heer herangebildet und aufgenommen worden sind.

Angesichts der bedrängten Lage ist es verständlich, daß die

Diskussion um eine erweiterte Beteiligung von Frauen am Wehrdienst erneut in den Medien zum Thema ernannt wird – in der Hoffnung, mehr Zustimmung in der Bevölkerung zu erwirken. Freilich: Ganz so einfach ist es nicht, den Dienst an der Waffe für Frauen in Deutschland durchzusetzen. Zwar ist bereits vor einem Jahrzehnt untersucht worden, ob sich die Wehrverfassung nicht eventuell so umgestalten ließe, daß das eherne Veto des Grundgesetzes umgangen würde; dennoch bildet dieses eine nur schwer umschiffbare Barriere. Aber ist das Grundgesetz nicht vielleicht in diesem Punkt wirklich veraltet? Die USA, Frankreich und England kennen derart grundsätzliche Bedenken nicht. In Amerika sind gar 15 % des Berufsheeres Soldatinnen. Wäre es nicht angebracht, es ihnen gleichzutun?

In dieser Situation scheint es mir zwingend, daß wir Deutschen uns unserer Erfahrungen mit den Frauen im Wehrdienst des letzten Weltkrieges erinnern; denn schließlich sind wir vermutlich das einzige Land, dessen Soldatinnen in großer Zahl direkt in die Kriegshandlungen einbezogen wurden. Denn während von 1939–1944 Frauen lediglich freiwillig im Wehrbereich als sogenannte „Blitzmädel" (meist als Nachrichtenhelferinnen) Dienst tun konnten, zwang Hitler im Dezember 1944 durch eine Notstandsverordnung die Jahrgänge 1924/25 zur Ausbildung und zum Dienst an der Waffe. Schießfähig gemacht an Pistole und Gewehr, wurden die Mädchen zu Tausenden in die Flakwaffenbatterien verfrachtet. Am Ende des Krieges standen 450.000 junge Frauen in Deutschland unter den Waffen, und wer von diesen in russische Kriegsgefangenschaft geriet, mußte oft nach furchtbaren Torturen diesen Einsatz mit dem Leben bezahlen.

Es ist vermutlich der Kenntnis der mehr als grauenvollen Schicksale dieser Soldatinnen zu verdanken, daß die Väter des Grundgesetzes im Absatz 4 des Artikels 12a zwar verfügten, daß Frauen wohl zu einem zivilen Notdienst herangezogen werden dürften, aber dann den apodiktischen Satz formulierten: „Sie dürfen auf keinen Fall Dienst mit der Waffe leisten." Mit dem Erfahrungshintergrund der deutschen Soldatinnen des Zweiten Weltkrieges läßt sich über diesen Satz gewiß nicht hinweglesen, zumal er nicht etwa dem Gleichberechtigungs- und Gleichheitsgrundsatz des Artikels 3 widerspricht, sondern ihn als Vorsorge für einen Notfall zusätzlich sichert; denn gerade diese Absicherung war durch die schlimme Erfahrung mit den Soldatinnen des Zweiten Weltkrieges zwingend notwendig geworden.

Selbst als Kriegsgefangene hatten sich die Bedingungen für Männer und Frauen nämlich keineswegs als gleich erwiesen. Frauen lassen sich grausamer quälen. Männer sind kaum einmal Vergewaltigungen ausgesetzt und schließlich auch nicht in der Lage, schwanger zu werden. Die Möglichkeiten zur Entwürdigung der Frau sind unvergleichlich viel schrecklicher und tiefgreifender. Es läßt sich selbst durch feministische Einseitigkeit nicht hinwegleugnen, daß die Schutzbedürftigkeit der Frau grundsätzlich wesentlich größer ist und bleibt. Auch das technische Zeitalter kann die Ungleichheit der Geschlechter – ganz besonders im militärischen Bereich – nicht überspielen.

Aber nicht nur die vielen Tausenden toten jungen Soldatinnen, die irgendwo zwischen Oder und Ob verscharrt wurden, sollten hier zur Einsicht mahnen – ich selbst habe als eine der unter Notstandszwang Eingezogenen und gnädig Überlebenden manche bedenkliche Erfahrung als Soldatin gemacht. Mehr noch als die Entwürdigung durch Feldwebelmanieren erlebte ich vor allem die sich als Offiziere aufspielenden Flintenweiber. Sie überschlugen sich darin, männlicher als die Männer zu sein, sie peinigten durch wesentlich mehr Penetranz in akribischen Schikanen. Mich hat vor allem auch mein Kriegseinsatz gelehrt, daß es eine vergebliche Hoffnung ist, von den Frauen eine friedlichere Welt zu erwarten, wenn sie die Männer entmachten würden. Unsere Offizierinnen spielten ihre Macht nicht weniger aus, sondern sie mißbrauchten sie wesentlich rigoroser als ihre männlichen Kollegen.

Aber wahrscheinlich haben von uns damals Eingezogenen zu wenige überlebt, um im jetzt hochbrandenden Trend, den Wehrdienst von Frauen zu befürworten, als Zeitzeugen ihre mahnende Stimme erheben zu können.

Natürliche Frische statt bleiche Dekadenz

Seit es Sänger und Dichter gibt, haben sie ihn besungen: den roten Mund der Frauen. Das ist kein Zufall, wissen wir von Sigmund Freud. Er ordnete den Mund den sogenannten „erogenen Zonen" zu, und die moderne Verhaltensforschung differenzierte: Frauenlippen gehören in das Repertoire sexueller Auslöser beim männlichen Geschlecht.

Aber warum müssen sie ausgerechnet rot sein? Denn daß es auf das Rot ankommt, läßt sich bereits am Erfolg des Lippenstifts erkennen, der so durchschlagend war, daß sich eine ganze kosmetische Industrie darauf aufbauen ließ. Die Verhaltensforschung antwortet: Das leuchtende Rot erhöht die Aufmerksamkeit, und der Lippenstift hat dann die Wirkung einer sogenannten „überoptimalen Attrappe", das heißt er verstärkt die Annäherungslust.

So weit so gut und vielleicht auch bereits bekannt. Aber warum gilt das nicht für beide Geschlechter? Warum fallen die Frauen viel eher angesichts breiter Schultern und stattlicher Bärte in Liebe? Warum sind die Prachtlippen der Frauen vorrangig den Männern ein Hochgenuß? Neuerdings ist den Verhaltensforschern anscheinend auch die Auflösung dieses Rätsels gelungen: Volle rote Mädchenlippen – das signalisierte den Herren der Schöpfung ursprünglich (in lippenstiftlosen Vorzeiten) eine gute Durchblutung der ganzen Maid. Es war ein Zeichen von Gesundheit. Ohne alles Wissen um Zusammenhänge dieser Art wurden für die jungen Männer Frauen anziehend, die Berechtigung zu der Hoffnung auf gesunden Nachwuchs boten.

Eine derartige sogenannte „selektive Zuchtwahl" ist heute im Zeitalter des Lippenstifts nun freilich kaum noch möglich. Die männlichen Urinstinkte haben wenig Chancen, der überoptimalen Maskierung zu entgehen. Unwissend fallen sie jeder Menge schöner Täuschung anheim. Allerdings ist die Fähigkeit zur Mutterschaft als weibliches Qualitätsmerkmal bei der Partnerschaftssuche heute ohnehin weitgehend außer Kurs geraten. Die gelackte Lippe hat sich deshalb schon seit geraumer Zeit verselbständigt und ist zu einem allgemeinen Merkmal weiblicher Gepflegtheit und modischer Anpassung geworden.

Aber die (meist unbewußte) Absicht, attraktiv und damit angesehen zu sein, das heißt also letztlich doch, zu locken, hat sich damit keineswegs verflüchtigt. Sie ist nur aus dem Schubfach der Biologie in die der geheimen Verführer durch Künstlichkeit geraten. Und wie fast alle der Errungenschaften in diesem Bereich verdankt der bemalte Mund seinen besonders durchschlagenden Erfolg eben gerade der Tatsache, daß er der Natur abgeluchst wurde.

Daß diese Deutung stimmt, wird heute gelegentlich durch ein eindrucksvoll trauriges Paradoxon erhärtet: Immer öfter begegnen mir in der Praxis junge, mit Absicht abgemagerte Mädchen, die ihre Lippen statt rot weiß, und das heißt, die sie künstlich bleich machen (obgleich sie das durch ihre Hungerei ohnehin meist schon sind). Sie verweigern sich so – ohne das im Bewußtsein zu haben – der männlichen Anziehung, ja, sie haben sich generell nicht dem Blühen, sondern mit trotziger Gewaltsamkeit dem Vergehen, nicht dem Leben, sondern dem Tod verschrieben. Psychische Kränkung – oft durch bösen Mann-Zugriff in ihrer Kindheit hervorgerufen – macht sie seelisch derart krank, daß sie nicht nur den Männern, sondern dem ganzen Leben nur noch einen sich verweigernden Korb zu geben vermögen. Künstlich bleich, künstlich geschwächt und geschwärzt, künstlich strähnig und lidschwer gemacht, zeigt sich in solchen Gesichtern eine traurige Dekadenz und gemahnt an Rilkes großes Gedicht:

„Die Könige der Welt sind alt
und werden keine Erben haben;
die Söhne starben schon als Knaben
und ihre bleichen Töchter gaben
die kranken Kronen der Gewalt."

Das irrende Gewissen

„Dem sicheren Urteil seines Gewissens muß der Mensch stets
Folge leisten." – Herausgerissen aus dem Zusammenhang, in
dem dieser Satz im neuen Weltkatechismus der katholischen
Kirche zu finden ist (§ 1790), ließe er sich anhand der geschichtlichen Erfahrungen mit dem Fehlverhalten ungezählter
Menschen in diesem Jahrhundert vielfältig widerlegen. Die
Deutschen im Hitlerreich, die Landsleute anzeigten, nachdem
sie Nonkonformistisches geäußert hatten, hatten kein schlechtes Gewissen. Sie waren stolz darauf, in Treue zum „Führer"
und mit seinen Intentionen identifiziert verantwortungsvoll
mit dazu beizutragen, daß nichts Ungutes sein hehres Werk be-
einträchtigte. Ein evangelischer Christ in meiner schleswig-
holsteinischen Heimatstadt z. B. zeigte nach dem Gottesdienst
seinen Pastor an, weil dieser in der Predigt zu sagen gewagt
hatte: „Wir kennen nur EIN Kreuz – das Kreuz unseres
Herrn!", worauf der Pastor zu Verhören von der Gestapo ab-
geholt, nach einigen Tagen aber wieder in seine Gemeinde entlassen wurde. Doch seitdem predigte er vor leeren Bänken;
denn seine Schäflein hielten ihn fortan für anrüchig. Zu „si-
cherem Urteil" hatte ihnen ihr Gewissen jedenfalls gewiß nicht
verholfen.
Erstaunliche Eindrücke ähnlicher Art lassen sich in neuester
Zeit mit dem anscheinend unbeeinträchtigten Gewissen derjenigen Menschen sammeln, die – mit den Zielen des Sozialismus
identifiziert – sich für das konspirativen System der DDR-Regierung instrumentalisieren ließen. Die wenigsten ließ ein ru-

helos gewordenes Gewissen schlecht schlafen. Nein, geradezu umgekehrt: Sie dienten dem Staat und jener Partei, die, wie sie meinten, wirklich fraglos recht hätte. Die Treue in der Verantwortung für das überpersönliche große Ziel – dem Arbeiterparadies der Zukunft – stand auch hier als scheinbar reine Absicht über allen skrupelhaften Bedenken. Es erschien ihnen gut, die „Staatsfeinde" zur Anzeige zu bringen. Die Mehrheit glaubte das ebenso mit ihnen, wie sie auf diese Weise im Einklang standen mit denen, die ihnen auf dem Weg zum hohen Ziel voranschritten und die entsprechenden Anweisungen gegeben hatten – angeblich zum Wohl all derer, die sich mit diesen Zielen solidarisierten.

Die Vorstellung, mit den „Richtigen" in mehrheitlicher Gemeinsamkeit auf dem richtigen Weg zu sein, verschaffte ihnen auch hier ein reines Gewissen. Diese Erfahrung läßt sich auch nicht einmal mit dem Argument einschränken, daß dem doch eine typische Gewissensmanipulation unfreier Untertanen in Diktaturen vorausgegangen und dergleichen in Demokratien mit Meinungsfreiheit ausgeschlossen sei; aber leider ist aus dem demokratisch gebliebenen Westen unserer Republik zuhauf ähnlich Beschämendes ans Tageslicht gekommen. So gab es hierzulande viele Menschen, die gemeinsam mit den „Brüdern zur Sonne, zur Freiheit" im Ostblock die Morgenröte des europäischen sozialistischen Einheitsparadieses heraufdämmern sahen und sich freiwillig – ohne Not oder Erpressung – einbinden ließen ins konspirative Spitzelsystem des Ostens.

Wenn man sich mit den Schicksalen der verratenen, unschuldig zu Staatsfeinden abgestempelten, kriminalisierten, mißhandelten, gefolterten und in elende Löcher eingesperrten Menschen der ehemaligen DDR beschäftigt, steht man fassungslos vor dem Phänomen der entlarvten Überzeugungstäter im Westen, und man versteht nun erst wirklich, warum die geschundenen Stasi-Opfer nach ihrem Loskauf nicht im freien Westen anklagend hinausschrieen, was sie durchgemacht hatten, sondern weiter zitternd verschüchtert schwiegen; denn sie waren bei ihrer Abschiebung meist mit einer Drohung entlassen worden: „Schweigt über eure Haftzeit; denn der Arm der Stasi reicht weit!"

Tut er das noch heute? Es ist doch erstaunlich, daß es weder vor noch nach der Wende in hinreichender Zahl zu gutem Lernprozeß Filme, Interviews, Berichte und Literatur gibt, mit der die Öffentlichkeit über dieses Elend der DDR-Opfer so bekanntgemacht würde, wie es angemessen wäre; denn noch immer ist es in unserer veröffentlichten Meinung das Richtigere, an den wahren, den guten, den menschenfreundlichen Sozialismus zu glauben. Desillusionierung darf deshalb nicht sein. Die grauenhaften Schicksale der Opfer zu verdrängen, ihnen die Gerechtigkeit einer Wiedergutmachung zu versagen, ihnen weiter ihre verlorene Ehre vorzuenthalten – das spricht leider dafür, daß selbst in einem demokratischen Rechtsstaat das Gewissen nicht von sich aus ein „sicheres Urteil" besitzt. Diese unsere Haltung im geeinten Deutschland läßt als Diagnose zumindest von Gewissensträgheit, wenn nicht gar von einer Erblindung des Gewissens sprechen.

Wie erreiche ich ein vom Nachlauf-Effekt befreites sicheres Urteil meines Gewissens? Wir müssen tief beschämt eingestehen, daß es in diesem Jahrhundert weiterhin nicht gelungen ist, Gut und Böse voneinander zu unterscheiden, daß sich große Menschenmassen vielmehr als schandbar suggestibel erwiesen haben. Deshalb führt der Katechismus der katholischen Kirche zu diesem Thema weiterhin aus:

„Unkenntnis über Christus und sein Evangelium, schlechte Beispiele anderer Leute, Verstrickung in Leidenschaften, Anspruch auf eine falsch verstandene Gewissensautonomie, Zurückweisung der Autorität der Kirche und ihrer Lehrer, Mangel an Umkehrwillen und christlicher Liebe können der Grund für Fehlurteile im sittlichen Verhalten sein." (§ 1792)

Wir sollten schnellstens lernen, daß es Hochmut ist, sich auf die Autonomie des Gewissens zu berufen. Es steht uns vielmehr an zu erkennen, daß wir der Gebote unseres Gottes bedürftig sind – in diesem Fall besonders des achten Gebotes –, um sich in strenger Selbstprüfung an die Vorgabe des Schöpfers zu halten, der uns jenseits von Eden zurief:

„Es ist dir gesagt, Mensch, was gut ist und was der Herr von dir fordert: nämlich Gottes Wort halten und Liebe üben und demütig sein vor deinem Gott. Es wird des Herrn Stimme über die Stadt rufen; aber wer deinen Namen fürchtet, dem wird's gelingen!" (Micha 6,8-9)

Räuberischer Staat

Unter den heute alten Familienvätern des Mittelstandes ist das gar nicht einmal selten: Oft bereits in die Turbulenzen der Kriegs- und Nachkriegszeit des Ersten Weltkrieges hineingeboren – mit vielerlei Erlebnissen von Hunger und Not –, den Zweiten Weltkrieg durch ein gnädiges Geschick überlebend, hatten sie nach dem zweiten Verlust erarbeiteter Gelder ihrer Väter und Vorväter ab 1949 in die Hände gespuckt und am Wiederaufbau unserer Republik teilgenommen, neue Familien gegründet und in der 60er und 70er Jahren besonders in den freien Berufen durch viel Fleiß, wenig Urlaub und bescheidene Lebensführung recht gut verdient.

In dieser staatstragenden Schicht gibt es noch fest zusammenhaltende Familien mit geistiger Kraft, mit einem festverwurzelten Christentum und persönlichem Verantwortungsgefühl. Diese Väter als die gebrannten Kinder zweier Inflationen bauten auf Subsidiarität – so, wie sie Bundeskanzler Kohl das als Wunschtugend für seine Bürger immer wieder beschworen hat. In dieser auch heute noch existierenden, wenn auch schmal gewordenen Schicht gesunder Familien gab es begreiflicherweise eine besondere Neigung der alten Väter, Vorsorge für Kinder und Enkel eher dadurch zu betreiben, daß sie geldlichen Überhang in Immobilien anlegten. Alle Erfahrungen hatten gezeigt: Die steinernen Anlagen hatten am ehesten den beiden großen Geldentwertungen dieses Jahrhunderts, die den Familien zweimal ihrer Existenzgrundlagen raubte, widerstanden.

Das Häusle wurde deshalb zuerst in Angriff genommen, später oft dann auch für die mit ihrer Existenzgründung beschäftigten Kinder in aktiver Mithilfe ebenso das der Sprößlinge, und schließlich für die in sorgsamer Pflege gedeihenden Enkel auch. So weit so gut. Bescheidener Wohlstand schafft Freiheit und ist zu allen Zeiten eine Basis zu freischaffender schöpferischer Kultivierung gewesen; er bildete mit einer auf diese Weise kultivierten Intelligenz oft genug in der Geschichte die Grundlage für geistige Vorrangstellung unter den Völkern.

Aber heute scheint niemand der Verantwortlichen noch den Sinn von Subsidiarität dieser Art zu haben. Man hat vielmehr den Eindruck, daß der Fiskus eher einem verhungerten Geier gleicht, der in der verödeten Landschaft raubgierig auf diese wenigen noch fruchtbaren Inseln seines Biotops herabstößt: Hier ist noch Beute zu machen! Hier gibt es noch Besitz! Ausgemacht hat der viel zu hoch verschuldete Staat, daß der Schnitter Tod zur Zeit bei den Jahrgängen von 1910 bis 1930 dazu ansetzt, die Reste der Früchte ihrer immer neu und immer reichlich versteuerten Arbeit an die nächste und übernächste Generation weiterzureichen. Und nun scheinen alle Reden über die Notwendigkeit von Selbstverantwortung, von eigener familiärer Vorsorge, von der angesichts der gefährdeten Renten von den Politikern in der Öffentlichkeit immer häufiger gesprochen wurde, vergessen: Ein Gesetz, 1996 vom Bundesverfassungsgericht verabschiedet, vom Parlament rückläufig bis 1995 in Kraft gesetzt, war geeignet, in dieser verdienten Schicht geradezu Flächenbrände von Unzufriedenheit zu produzieren: Der Staat belegte durch dieses Gesetz Immobilien mit einem wesentlich höheren Einheitswert und erhöhte gleichzeitig die Erbschaftssteuer. Das Procedere war klar: Der Pleitegeier Fiskus wußte: Hier ist Wohlstand vorhanden, hier besteht Hoffnung, abzuzocken und umzuverteilen.

In nicht wenigen Fällen ließ sich ausrechnen, daß die Erbschaftssteuer zu hoch sein würde, um die erarbeiteten Immobilien, vom Wohnhaus bis zur Eigentumswohnung oder zum Miethaus – als Altersversorgung gedacht –, überhaupt im Erbgang weiter erhalten zu können. Das Gespenst, sie im Erbfall verkaufen zu müssen, um die Steuern bezahlen zu können, begann sich auszubreiten. Die Jungen begannen, die Alten zu drängen, am besten noch kurz bevor das Gesetz in Kraft trat, ihre Häuser den Kindern zu schenken und sich allein den Niesbrauch vorzubehalten, in der Hoffnung, durch die sich dadurch im Zehnjahresrhythmus erhöhenden Freibeträge das Erbe an Kinder und Enkel doch weitergeben zu können.

Diese Veränderung entpuppte sich als ein wahres Teufelsgesetz, so läßt sich im Hinlauschen auf die neuen Nöte feststellen. Das Vererben ist ohnehin immer schon eine prekäre Angelegenheit gewesen, auch in zusammenhaltenden Familien. Nun aber beginnen sich Spannungszustände dieser Art schon zu Lebzeiten der Häusle-Bauer abzuspielen. Nun geht oft bereits der Krieg los, bevor die Alten das Zeitliche gesegnet haben.

Neu familienzerstörerisch wirkt sich nach der Schenkung die gemeinsame Verantwortung der Alten und der Jungen für den Besitz aus. Niesbrauch – was ist das? Welche Reparatur haben die Alten zu zahlen, welche die neu ins Grundbuch eingetragenen Besitzer? Hatten die Alten durch ihre ebenso vernünftige, großzügige Bereitschaft, ihr Eigentum zu verschenken, gehofft, von Sorgen und Mühewaltung um Instandhaltung durch diese Übertragung entlastet zu sein, so ergibt sich nur allzu oft unter den unverhofft Beschenkten eine neue Anspruchshaltung: Wenn die Alten (lästigerweise) schon weiterhin die Nutznieser der steinernen Präsente sind, dann – so meinen die Erben – sollten sie vom Rest ihres Ersparten auch gefälligst alles piccobello restaurieren lassen, bevor sie (hoffentlich in nicht allzu großer Ferne) endlich von hinnen scheiden.

Wie verändern da plötzlich Söhne, Töchter und Schwiegerkinder ihren bis dahin familienfreundlichen Charakter! Wie fährt in manches alte Paar wie ein scharfes Schwert die Enttäuschung über die sich plötzlich als habgierig decouvrierenden Nachfahren! Einige von ihnen haben es auf dem Boden dieser komplizierten, meist nicht klar genug abgesicherten Schenkungsverträge schon dazu gebracht, alte Witwen-Mütter nach einer Kette von Herzanfällen als Pflegefall ins Heim abzuschieben. Und schon manchem Pater Familias platzte der Kopf vor Ärger derart, daß er mit einem Schlaganfall reagierte... Das Ende vom Lied war der Zerbruch eines bis dahin heilen Clans, der zuvor jahrzehntelang in Gemeinschaft so manchen Schicksalsschlag durchgestanden hatte.

„Du sollst nicht begehren deines Nächsten Haus oder Erbe", heißt es in Luthers Erläuterungen zum neunten Gebot. Diese neue Gesetzgebung ist der Gipfel der Mißachtung dieser Elterngeneration, die sich sehr oft weder Urlaub noch Kuren gönnte, die die Groschen umdrehte, um ihren Kindern Brot, Obdach und Ausbildung zukommen zu lassen, die beträchtliche Steuern zahlte, um im Alter dem Staat nicht auf der Tasche zu liegen, deren Wohlstand in ihrem Fleiß und ihrer Sparsamkeit begründet ist und deren eigentlicher und höchstzubewertender Beitrag an der Gemeinschaft in einer hinreichenden Anzahl seelisch kräftiger Kinder und Enkel liegt. Ausgerechnet bei diesen verdienten Staatsbürgern, bei diesen alten Eltern, ticken nun die Schenkungsbomben.

Läßt man die Fälle Revue passieren, schaut man in die verweinten Gesichter der betagten Mütter und in die ratlosen-enttäuschten der alten Väter, lauscht man den anmaßenden Reden der Söhne, bekommt man die rotmundige Gier der Schwiegertöchter und die bekümmerten Gesten der Töchter zu Gesicht und hört man die harten, selbstgerechten Forderungen der Schwiegersöhne an, so wird deutlich, daß mit diesem Gesetz unter die letzte hohe Säule einst vergangener Pracht ein vernichtender Sprengsatz gehoben worden ist...

Political Correctness

Die geistigen Strömungen der abendländischen Geschichte haben sich in Pendelausschlägen vollzogen. Auf die Romantik z. B. – um 1800 herum – folgte im 19. Jahrhundert der Realismus mit seiner betonten Abwendung von mystischer Innerlichkeit. Auf den monarchischen Nationalismus des preußischen Kaisertums folgte die Weimarer Republik. Auf die Phase einer auf die Naturwissenschaft und Technik setzenden Intellektualität, auf die Zeit der entmythologisierenden Theologie und der Verwissenschaftlichung selbst der Schule ließ sich durch das Übermaß an „Verkopfung" der Pendelschlag zum Boomen von Mystik und Esoterik geradezu voraussagen. Gleichsinnig ließ der Extremismus im Bereich moralischer Permissivität ein Umschlagen ins Gegenteil erwarten. Die Devise „Erlaubt ist, was gefällt", die Aufforderung an die Jugend: Wir bieten euch alles an, und ihr bedient euch nach eigener Wahl; das Modell der antiautoritären Erziehung, die alles zuläßt, nur nicht das Eingreifen der Erziehenden, beherrschte in den vergangenen 25 Jahren machtvoll das Klima hierzulande. In den USA schon ein Jahrzehnt früher anberaumt, sind die „non-frustrated children" mittlerweile erwachsen, mit dem beschämenden Ergebnis, daß sich das vermutete angeborene Gut-Sein des Menschen dabei nicht etwa potenziert hat, sondern verwilderte Auswüchse gang und gäbe geworden sind.

Aber wie würde sich angesichts dieser Situation der Umschlag manifestieren? Wie sollte sich daraus heute – wie es folgerichtig wäre – ein rigider Moralismus entfalten? Das war die spannende Frage, die sich dem wachen Beobachter des Zeitgeschehens stellte. Und doch hat sich die Pendelbewegung bereits in Gang gesetzt, in der Tat erschreckend folgerichtig. Sie tritt unter der absurden Bezeichnung „political correctness" immer deutlicher und besonders in den liberalen Demokratien weltweit in Erscheinung. Absurd ist diese Namensgebung, weil hier unter dem Anschein von Korrektheit ein mehr oder weniger willkürliches System von moralischen Verboten errichtet worden ist, das von einer „heuchlerischen Intoleranz" (Peter von Scholl-Latour) gekennzeichnet ist.

Zwar bildet die Ideologie des angeborenen Gut-Seins weiterhin die Basis der neuen Stoßrichtung, aber jetzt wird gegensätzlicherweise nicht mehr mit Rousseau auf die alleinige eigenständige Entfaltungskraft des Menschen gesetzt, sondern der Idealzustand soll durch ein möglichst einhelliges Eingreifen der öffentlichen Meinung in die neu als notwendig erachtete Ausrichtung erreicht werden. Nicht mehr seelischer Urwald darf jetzt noch weiterwachsen, sondern nun soll mit Hilfe der „political correctness" gerodet, gejätet und beschnitten werden, um die heeren Ziele selbstgemachter paradiesischer Zustände zu erwirken. Neue Tabus werden deshalb errichtet und Übertretungen strengstens durch öffentliche Diffamierung geahndet.

Political correctness maßt sich an zu wissen, was recht ist, und setzt das unter hoher Bugwelle mit der Fahne der Gerechtigkeit als Gallionsfigur durch. In den USA konstituierte sich dieser antiliberale neue Rigorismus zuerst im Bereich der Sprache. Es wurde strafwürdig, bestimmte Ausdrücke zu gebrauchen. Der moralische Zeigefinger tauchte besonders immer dann auf, wenn Minderheiten oder sonstige „Benachteiligte", z. B. Frauen, Behinderte oder Sträflinge, harmlos üblich benannt wurden.

In den USA wurden z. B. Wörter wie „forefathers", „chairman" und „mankind" als Relikte eines unzulässigen Patriarchats anrüchig und durch „ancestors", „chairperson" und „humankind" ersetzt. Amerikanische Sprachpuristen bemühten sich darum, deutsche und dänische Märchen von verdächtigen Worten zu reinigen, ja, sogar die Bibel wurde auf frauenfeindliche oder anderweitig diskriminierende Vokabeln untersucht und einzelne Worte im Sinne der PC ausgemerzt, so z. B. „Lord" (für den „Herrn" = Gott), „er sitzet zur Rechten des Vaters" (das könnte Links-Händer beleidigen), „die dunklen

Mächte der Finsternis"(das könnte Farbige kränken), „Our father" und „Jesus Christus" (wird zu „Our father-mother" und „Jesa Christa"; denn sonst setzt es die Frauen zurück).

Weit fortgeschritten ist in den USA bereits die PC im Hinblick auf die Diffamierung der sexuellen Gewalt, weil sie ein typisches Männerdelikt ist und die grundsätzlich benachteiligten Frauen zu Opfern werden läßt, und so schleift sich im Land der sexuellen Freiheit geradezu wie mit einem Verreißen des Pendels fast so etwas wie eine Paranoia gegen Sexualdelikte, ja mehr: fast so etwas wie eine prüde Verbotsmentalität ein...

„Doch aus dem Kampf gegen die sexuelle Gewalt ist in den USA längst ein Volkssport geworden, die Denunziation, und da ein bloßer Verdacht oder eine bloße Empfindung ausreichen, sind die Paranoiker Amerikas aufgerufen, sich gegenseitig um die Existenz zu bringen. Wen kein Gericht erledigt, den erledigt der Skandal. Die Inflation der Vorwürfe verrät schon vieles über ihre Glaubwürdigkeit. In einer landesweiten Erhebung unter amerikanischen Schülern der Klassen 8 bis 11 gaben 85 % der Mädchen und 76 % der Jungen an, sexuell belästigt worden zu sein. Schülerinnen erstreiten Tausende von Dollars von Schulbehörden, weil an der Schulmauer ein pornografisches Graffito zu sehen ist, in dem die Betroffene dargestellt war. ... Die Hysterie scheint keine Grenzen zu kennen." (Behrens/Rimscha, Politische Korrektheit, S. 66)

Wie im Schulterschluß berührt sich hier der linke Extremismus der PC mit den Verbotstafeln der Rechten!

Auch in Deutschland zeichnet sich bereits Ähnliches ab, wenn hierzulande auch mehr noch im Bereich der nationalsozialistischen Vergangenheit und im Bereich der Ausländerproblematik strengste Denkverbote gefordert und – weil mit Diffamierung geahndet – durchgängig sorgsam eingehalten werden. Aber auch im feministischen Bereich sind neue Tabuzonen errichtet: Die berufslose Familienmutter öffentlich als positiv zu bewerten hat ebenso Ausgrenzung zur Folge wie Abtreibung für unzulässig zu halten. Der traurige Hilfs-Sheriff der

Diktaturen, die Denunziation, und eine angepaßte Rechtssprechung feiern Urständ.

Einzelne Auswüchse sind zwar so absurd, daß sie dem im allgemeinen brav der PC unterworfenen Bürger als lächerlich erscheinen. Die Fragwürdigkeit dieser auf dem Boden der linken Hegemonie erwachsenen dogmatischen Anmaßung einer unzulässigen Zensur wird aber nicht durchschaut. Das Bedürfnis, up to date zu sein und sich anerkannten Meinungen und Verboten zu unterwerfen, wie die Medien sie ,politisch korrekt' einhellig verbreiten, und die Angst vor Isolation sind viel zu groß. Ja, diese Nachlaufmentalität der Deutschen zeigt sich der amerikanischen gegenüber wieder einmal überlegen. Die Suggestibilität der Deutschen feiert einen neuen extremistischen Triumph.

Zu begrüßen ist der wildausgreifende Pendelschlag nicht; denn es bildet sich eine Dominanz vereinigter links- und rechtsextremer Einstellungen heraus. So ist auf echten Fortschritt nicht zu hoffen. Dazu bleibt unter dem neuen Rigorismus viel zu oft die Wahrheit auf der Strecke. Aus dem Schoß der Solidarität mit den Benachteiligten kriecht die Schlange einer angemaßten Intoleranz.

Psychologisch freilich ist das neue absurde Theater ein Beweis mehr dafür, daß selbst die Verbotstafeln der Moral nicht willkürlich als Reaktion auf eine maßlose Enttabuierung aller Lebensbereiche errichtet werden können, wenn sie tauglich und förderlich sein sollen. Es wäre besser, wir hielten uns stattdessen mehr an eine maßvolle Mitte und an die Gebote, die uns Gott einst auf seine Tafeln schrieb.

Unter die Räuber gefallen

„Wenn der mich vernehmende Offizier in den Raum trat, in den man mich mit Handschellen gefesselt gebracht hatte, zog er sich als erstes weiße Handschuhe an und kommentierte das so: ‚Das ist nötig, damit ich mir an dir Mistvieh nicht die Hände schmutzig mache.' – Und wenn er mir dann mit dieser seiner Hand den ersten Schlag ins Gesicht versetzt hatte, war das für die anderen Schergen ein Fanal, auf mich einzudreschen. Wenn sie mich halbtot geschlagen hatten, fragten sie mich jedesmal, wo ich denn mit meinem Fahrrad hätte hinfahren wollen. Und wenn ich die Wahrheit sagte, daß ich in W. meine Verwandten besuchen wollte, begannen sie erneut, voller Wut auf mich einzuprügeln. Ich sollte bekennen, daß ich für den Westen spioniert hätte. Aber wie sollte ich das – war es doch nun einmal nicht wahr", so der Bericht eines der ungezählten Stasi-Opfer, die in die Fänge dieser Räuber fielen.

Mittlerweile habe ich mir eine ganze Reihe ähnlicher Berichte anhören müssen – und keiner wußte von einem Samariter zu erzählen, der die Wunden verbunden und für ihre Heilung gesorgt hätte. Meistens waren solche Verhöre sogar erst der Anfang einer sich lang hindehnenden Inhaftierung. Aber das Schmerzlichste: Nachdem man sie Jahre später in die freie Republik nebenan abgeschoben hatte, war ihr Elend keineswegs zu Ende. Mißtrauische Behördenangestellte und Amtsärzte stocherten in ihren Vorgeschichten herum, um doch eine Schuld oder doch einen aufsässig-querulanten Charakter zu entdecken und damit ein Argument, um Versorgungsanträge abzulehnen. Mißtrauisch gingen neue Nachbarn und neue Arbeitskollegen auf Distanz zu den „Knastis", sahen durch die Neuankömmlinge hindurch oder zuckten zu ihren Berichten die Schultern, mit der abweisenden (Fehl)-Einstellung: „Wird schon irgendwas drangewesen sein, werden schon irgendwie doch selbst schuld sein."

Sie sind mit ihren Haftfolgen, mit ihren unverheilten seelischen Verletzungen unter uns, diese „Räuber"-Opfer. Aber wir gehen vorüber – nicht, weil wir die am Rand Liegenden etwa nicht sähen, nein: Wir verweigern uns ihnen direkt! Jetzt sind wir es, die sich die Hände nicht schmutzig machen wollen; jetzt sind wir es, die wir uns eher mit den zu Ansehen gelangten, bürgerlich gewordenen Räubern solidarisieren als mit denen, die auf diese schändliche Weise verstört und zerstört wurden. Wir mischen uns nicht ein, weil wir die Wahrheit nicht sehen wollen; denn sie würde uns zumindest zu klarer Stellungnahme herausfordern und zum Einsatz, damit durch unser Mitlieben und Verstehen den unschuldigen, ihrer körperlichen und seelischen Gesundheit beraubten Menschen wenigstens ihre Ehre zurückgegeben wird, damit sie Gerechtigkeit erfahren, damit ihnen Genugtuung geschieht. Aber Samaritersein dieser Art gilt hierzulande sehr schnell mit als anrüchig, und deshalb ist es auch so rar; denn immer noch möchten unsere Meinungsmacher nicht von der Illusion des ach so menschenfreundlichen Sozialismus lassen. Und so schließt man weiter messerscharf, daß nicht sein kann, was nicht sein darf.

In der Schuld der Gequälten –

Die psychischen Spätfolgen von DDR-Opfern und die Verpflichtung der Verschonten

Eine junge Mutter trägt mir am Telephon ihre Sorgen vor. Ihr Mann und sie hätten 1985 Vorbereitungen zu ihrer Flucht in den Westen getroffen; aber auf eine unerfindliche Weise habe die Stasi Wind davon bekommen. Nach einer Hausdurchsuchung hätten sie den Verdacht nicht mehr bestreiten können. Ihrem Mann und ihr sei der Prozeß gemacht worden, und sie seien zu je drei Jahren Gefängnis verurteilt worden. Ihre beiden Kinder, zwei kleine Mädchen von drei und fünf Jahren, hätte man erst in ein Heim und dann an einen den Eltern unbekannten Ort gebracht. Sie hätten keinerlei Verbindung zu ihnen gehabt.

1987 seien sie freigekauft worden – aber ohne zu wissen, wo ihre Kinder wären. Erst 1990 sei es ihnen nach langem Suchen möglich geworden, die Kinder wiederzufinden. Sie hätten sie

41

in zwei verschiedenen Orten ausfindig gemacht – beide getrennt voneinander und nun mittlerweile zehn und acht Jahre alt. Die jüngere hätte die Eltern überhaupt nicht wiedererkannt, aber auch die ältere sei eine zeitlang scheu und verschüchtert gewesen. Aber bis heute, seien sie allesamt mit dem Erleben dieser furchtbaren fünf Jahre nicht fertig geworden.

Zwar habe ihr Mann in seinem neuen Beruf als Feinmechaniker eine gute Stellung gefunden, zwar hätten sie mittlerweile ein Häuschen mit Garten beziehen können; „aber dennoch sind wir alle beeinträchtigt", schildert diese Familienmutter. „Unsere Älteste z. B. ist gerade mühsam dazu zu bewegen, den Schulweg auf sich zu nehmen; aber sonst klebt sie geradezu an Zuhause; am liebsten sitzt sie drinnen, nicht einmal der Garten lockt sie. Sie hat ein Lieblingsbekleidungsstück, ein Plaid; sie trug es wohl, als man die Kinder abholte, und man ließ es ihr wohl, weil sie es so festhielt. Das zieht sie oft um sich, als wenn sie fröre, und sie kann nur einschlafen, wenn sie es bei sich im Bett hat. Es ist, als habe sie sich an einem Stück Kleidung als Ersatz festgeklammert, und der Schock sitzt so tief, daß sie sich auch heute noch nicht davon lösen kann. Nur mit Mühe konnte ich sie dazu überreden, zur Schule einen Anorak oder Ähnliches überzuziehen.

Unsere Kleine lutscht exzessiv am Daumen, obgleich sie nun doch schon zehn Jahre alt ist. Beide Kinder schlafen immer noch bei uns im Schlafzimmer, weil wir sonst immer wieder aufstehen müssen; denn wir leiden alle vier noch unter Alpträumen, aus denen wir nicht selten rufend oder schreiend (meist schweißgebadet vor Angst) aufwachen. Mein Mann und ich sind auch körperlich durch die Haft geschädigt. Ich habe seitdem eine Herzrhythmus-Störung und mein Mann eine Athritis in den Kniegelenken, weil er einige Male in einer Strafzelle war und dort fast einmal erfroren wäre.

Kürzlich, als wir alle einmal wieder allesamt aus unserem Schlaf aufgeschreckt waren, als mir einmal mehr das Herz im

Hals schlug und ich meinem Mann seine schmerzenden Knie und Fußgelenke einrieb, sagte er plötzlich bitter: „Weißt du, daß wir alle vier nicht davon loskommen, daß sich das so über Jahre hindehnt, das liegt sicher auch noch an etwas ganz anderem: daß das nichts geworden ist mit dem Aufräumen dieses verfluchten Systems – daß man uns hier nicht mit Liebe aufgenommen hat, daß man uns hier hinter den Ämtern herlaufen ließ mit so vielen scheel dreinblickenden Sachbearbeitern, daß es fast so ist, als gehörten wir nun doch in die Kategorie ehemaliger Sträflinge – das ist es, was uns nicht richtig wieder gesund werden läßt!"

Ich habe meinen Mann zu beruhigen versucht. Ich habe ihn erinnert an diejenigen, die uns geholfen haben; die gab es ja schließlich auch. Löwenthal habe ich erwähnt und dessen Mitarbeiter und ihren Einsatz für uns. – „Ja", hat er müde erwidert, „ja! Aber im großen und ganzen in der westdeutschen Öffentlichkeit hat man uns keine Gerechtigkeit widerfahren lassen, und das ist wie ein Stachel in unserer Seele, der unsere Kraft lähmt und bewirkt, daß sich unsere Wunden nicht schließen."

Inzwischen habe ich viele andere Berichte dieser Art erhalten. Aber der eben geschilderte hat mich besonders tief erschüttert; denn er trifft den Kern einer beschämenden Problematik. Als erstes wird sichtbar, wie nachhaltig die Folgen von Schicksalen dieser Art sind. Da sind zunächst einmal all die üblichen Leiden als Folgen von Freiheitsberaubung und gewaltsamen Trennungserlebnissen allgemein. Der Schock bereits der verriegelten Tür haftet lange als eine aus der Erinnerung immer wieder auftauchende Angst; denn sie hat bedingte Reflexe verursacht, die sie unvermittelt wieder auftauchen läßt: bei dem Geräusch eines Schlüsselbundes z.B., bei dem einer Klingel, beim Zuschlagen einer Tür, ja bei irgendwelchen Geräuschen, die so ähnlich damals in der Haft (oft ganz unbewußt, aber in Verbindung mit dem Erleben dort) aufgenommen wurden und nun neu diejenigen Empfindungen plötzlich in Erscheinung treten lassen, die man danach empfand. Das können auch Gerüche sein, der Geschmack einer Speise oder eines Getränkes oder visuelle Eindrücke.

Plötzlich jagt die Angst neu hoch: die Bedrohung, die tiefe seelische Beeinträchtigung, die man damals empfand. Sie überfällt den seelisch Verletzten geradezu, lähmt ihn, erschreckt ihn. Oft führt das auch zu massiven körperlichen Veränderungen: der Blutdruck steigt extrem an, Schweiß bricht aus, das Herz jagt, man kann nicht sitzen bleiben, bekommt den Impuls wegzurennen, oder man ist einer Ohnmacht nahe und fällt u. U. sogar auch wirklich um. Ich kenne ehemals Inhaftierte, die nie wieder je in einer geschlossenen Veranstaltung, einem Kino, einem Theater, einem Versammlungsraum sitzen können – allenfalls am Rande und mit der Gewißheit, daß der Fluchtweg offen ist.

Kaum einmal haben Menschen, die derartiges erleiden mußten, nicht immer wieder neue Angstträume, in denen sie von irgendwelchen Ungeheuern verfolgt und mißhandelt werden, und dementsprechend gibt es eine Fülle von psychosomatischen Leiden, d.h. also von körperlichen Beeinträchtigungen als Folge der psychischen Belastung – wie Durchfall, Magenbeschwerden, Schluckbeschwerden, Gelenk- und Rückenschmerzen, Kopfschmerzen, Atemnot und Herzbeschwerden. Gewissermaßen an allen Organen des Körpers kann sich die psychische Beeinträchtigung festmachen – am ehesten an dem, welches vorher bereits eine Schwachstelle war, dem – so sagen wir – „locus minoris resistentiae". Bei nicht allzu langer und nicht zu harter Haft können diese Leiden funktionell, und d.h. unter günstigen Umständen reversibel, d.h. heilbar sein; bei schweren Beeinträchtigungen verhärten sie sich nicht selten schließlich zu auch organisch erkennbaren körperlichen Veränderungen.

Es gibt aber bei unschuldig inhaftierten Menschen noch zusätzlich sehr spezifische Leiden: die Verfolgung, der sie ausgesetzt waren, kann sich zu einer generellen Verfolgungsfurcht verallgemeinern. Sie können auf keine Straße gehen, ohne sich immer wieder umzuschauen, um sich zu versichern, daß sie niemand belauert. Es ist ihnen nicht mehr möglich, über einen weiten Platz zu gehen. Sie bedürfen der Nähe der Häuserwand als Schutz. Manche schaffen es nicht mehr, allein, noch gar im Dunkeln auf die Straße zu gehen, und viele bekommen Panik, wenn sie allein (in einem Hotelzimmer) schlafen wollen und deshalb das Licht löschen. Manchmal kommt es dann sogar zu Zuständen, die an die Geisteskrankheit Paranoia erinnern, ohne eine Geisteskrankheit zu sein.

Ein Sonderbereich ist außerdem der der DDR-Kinder, die – wie in unserem Fall am Anfang – ihren Eltern brutal entrissen, zwangsadoptiert oder in Heimen untergebracht wurden. Auch wenn einige dieser Kinder nach der Zusammenführung der Eltern sich meist schneller zu erholen scheinen als ihre inhaftiert gewesenen Eltern, so darf daraus lediglich der Schluß gezogen werden, daß die junge Seele im allgemeinen einen besser funktionierenden Verdrängungsschutz besitzt. „Die Kinder stecken ihre Not eher weg", wie der Volksmund das zu nennen pflegt, was aber nicht im mindesten aussagt, daß sich mit und jenseits der 16jährigkeit diese Verdrängungsdecke dennoch mindert und sich in Spätschäden äußert. Vor allem sehr jung dem Trennungsschock ausgesetzte Kinder pflegen dadurch nicht selten eine Minderung tiefer Bindungsmöglichkeit davonzutragen. Sie laufen nach der Geschlechtsreife oft zwar schnell – manchmal viel zu schnell! – einem sie erotisch ansprechenden Wesen zu, entwickeln aber eben nur oberflächlich bleibende Beziehungen, die dann – selbst nach sexuellen Erlebnissen – rasch wieder aufgelöst werden.

Am meisten erschüttert haben mich Berichte von Müttern, die nach jahrelanger Inhaftierung ihre Kinder erst wiederfanden, als sie bereits herangewachsen waren, und die nun erleben, daß diese sich aggressiven Gruppierungen anschließen, arbeitsunfähig sind, schnell hier im Westen dem Rauschgift oder dem Alkohol verfallen und – psychisch verwahrlost, weil mittlerweile schwerst seelisch beschädigt – mit den leiblichen Eltern nichts mehr zu tun haben wollen. Eine Hoffnung verkehrt sich in bittersten Gram, jene Hoffnung, die sie durch die Jahre der Inhaftierung hindurch überhaupt am Leben erhalten hatte. Was für ein Elend!

Das muß zwar nicht so sein. Ich kenne auch Fälle von Kindern, die schwerstes Schicksal zu verkraften hatten und aus denen dennoch seelisch stabile Erwachsene wurden. Ihre starke psychische Struktur vermittelte ihnen einen Immunschutz gegen schädigende Noxen, die sie zu überstehen hatten. Sehr kommt es auch darauf an, ob die ihren Eltern entrissenen Kleinkinder in einer lieblosen oder liebevollen Umgebung aufzuwachsen hatten. Da aber die Zwangsadoption der Ideologie entsprang, wenigstens die Kinder zu regimetreuem Material zu machen, wurden sie grundsätzlich nur an Personen übergeben, die sich besonders parteistramm verhielten. Und diese Indoktrination hatte ja gerade besonders wenig mit personaler Geborgenheit zu tun.

Vor allem aber darf in bezug auf unschuldig Inhaftierte nicht der enorme Unterschied zwischen ihrer psychischen Situation und der von Kriminellen vergessen werden: Während die Seele der Letzteren mit und ohne Reue die Inhaftierung als eine Strafe, d. h. also als eine Wiedergutmachung, als eine Wiederherstellung von Ordnung erlebt, kann bei unschuldig Inhaftierten so ein innerseelischer Prozeß des Ausgleiches nicht stattfinden. Die Wiedergutmachung müßte ja von außen kommen, sie müßte von denen geleistet werden, die ihnen dieses furchtbare Unrecht zufügten!

Bleibt Wiedergutmachung, bleibt Bestrafung der Verräter, der Verurteiler, der Mißhandler aus, wird nicht ausdrücklich die Beschämung, die Entwürdigung aufgelöst, der Verlust der Ehre bei den Unschuldigen nicht wiederhergestellt, so ist das, als wenn der Stachel aus der Seele nie entfernt würde; sie schreit mit dem Erhaltenbleiben der vielen psychischen, psychosomatischen und körperlichen Leiden nach Gerechtigkeit;

denn die Bitterkeit der Seele führt selten zu einer gottergebenen Resignation – auch wenn das äußerlich so aussehen mag. Das Wesen unseres Menschseins bewirkt vielmehr, daß die Tatsache des Unbereinigtseins der unschuldig erlittenen Leidenszeit nun zusätzlich und neu nackte Wut weckt und mehr und mehr aufstaut, jedenfalls in dem Maß, wie sich für die betroffenen Menschen die Hoffnung mindert, daß ihnen Gerechtigkeit und Wiedergutmachung widerfahren wird. Und das, besonders das, läßt die Leiden chronisch werden und verhindert, daß die Zeit und neue Betätigungsformen die alten Wunden heilt.

So ist der psychologische Sachverhalt, und mir scheint, daß es heute dringend geboten ist zu fragen, was auf diesem Sektor von unserer Gesellschaft geleistet wurde und ob das den Notwendigkeiten im Hinblick auf die DDR-Opfer entsprach; denn einzubeziehen sind hier ja nicht allein nur die unschuldig Inhaftierten, sondern auch die unschuldig Verfolgten, Verhörten, in ihrem Fortkommen gehinderten und in ihrem Lebensgefühl beeinträchtigten Menschen, schon ganz und gar die vielen Kinder.

Noch einmal: Ist hier das Notwendige geschehen? Nun, als erstes meine ich, sollte man nicht aus Bitterkeit selbst ungerecht und vergeßlich werden. Gewiß ist Erhebliches geschehen! So erschütternd die Gegebenheit des Freikaufs von Menschen als ein Beweis für den menschenverachtenden Zynismus der DDR-Regierung war, so war er für die sogenannten politischen Häftlinge immerhin lebensrettend – eine Maßnahme der Bundesregierung, die wir nicht als Leistung der Menschlichkeit aus den Augen verlieren dürfen. Auch der Einrichtung der Gauck-Behörde und dem Widerstand dieses tapferen Pfarrers gegenüber allen Schlußstrich-Diskussionen in den Medien muß größte Hochachtung gezollt werden; gewiß auch den Bemühungen der Gesundheitsämter und mancher Gutachter, Erwerbsminderungen und Anträge auf Frühberentung zu bescheinigen.

Vermutlich waren es freilich ungerechtfertigterweise zu wenige. Denn eine Statistik stellte jetzt fest: nur 0,6 % der politischen Häftlinge der DDR wurden hier im Westen zu 50 % (schwerstbehindert) erwerbsgemindert eingestuft, und nur 1 % als um 30 % erwerbsgemindert. Zwar sind von manchen ehemaligen DDR-Häftlingen und Verfolgten des Regimes hier im Westen weitere bittere Erfahrungen gemacht worden, daß sie auf eine hartherzige Bürokratie und uneinfühlsame Amtsschimmel stießen – aber man sollte hier fairerweise doch auch sehen, daß keineswegs nichts getan wurde – auch einiges durch die neukreierten Regierungen in den neuen Bundesländern. Aber insgesamt reichte das nicht aus – wie die Erfahrung lehrt –, um die schweren psychischen Wunden, die der DDR-Unrechtsstaat schuf, zum Schließen zu bringen.

Dieses Fehlen von Wiedergutmachung an den unschuldig Gequälten hat sehr viel damit zu tun, daß das ganze Deutschland nach 1990 nie generell einem Prozeß der Reinigung unterzogen wurde und daß das deshalb nicht geschah, weil die westdeutsche Gesellschaft selbst lange schon gar nicht mehr sauber, sondern lange schon von Stasi-Machenschaften im Sinne einer Unterwanderung des Westens zum Zweck der Integration in den DDR-Unrechtsstaat marxistisch unterwandert war und auch nach 1989 von all diesen Wühlmäusen in maßgeblichen Positionen nie befreit wurde. Sie sitzen in den Schlüsselstellungen unserer elektronischen Medien, zum Teil immer noch auch unerkannt in den Printmedien, so daß wir heute in der Situation sind, daß – nach drei Jahren geschockter Artigkeit von 1989 bis 1992 – der Kampf für den Sieg des Sozialismus jetzt weitergeht und von daher gar kein Interesse daran vorhanden ist, das namenlose Leid, das der marxistische Geist in der DDR bewirkte, zu gutem Lernprozeß in den Mittelpunkt von Berichten, Filmen und Büchern zu stellen.

Und das hat zur Folge, daß die Bevölkerung in Deutschland viel zu wenig (und das Unrecht unter der Decke haltend) über das neu entstandene unmenschliche Elend der vergangenen 40 Jahre DDR erfährt. Dabei hätten es alle so nötig, neu daraus zu lernen, um sich schaudernd abzuwenden von Systemen, die solche Menschenrechtsverletzungen möglich machen; denn schließlich handelt es sich nicht um eine unfähige DDR-Regierung allein, nicht um Mißbrauch der heeren Idee des Sozialismus durch einen übertreibenden Stalinismus, nein, es ist die Marxsche Idee an sich, die zur Unmenschlichkeit führt. Sie ist in sich eine unwahre, menschenfeindliche Ideologie, die blind macht gegen die Wirklichkeit, die aber statt der erhofften Gerechtigkeit Ungerechtigkeit und eine korrupte Diktatur gebiert.

So werden wir fleißig im Fernsehen täglich darauf hingelenkt, wem wir allen Gerechtigkeit zu widerfahren lassen haben – den Juden, den Moslems, den Kurden, den Asylbewerbern – mit gutem Grund und zu Recht! Aber unsere DDR-Opfer werden – und zwar sehr bewußt, sehr schuldhaft – in einem Ausmaß ausgespart, das in keinem Verhältnis steht zu ihren Leiden und der Notwendigkeit, ihnen gerecht zu werden, um für die Zukunft daraus Schlüsse zu ziehen und zu lernen. Wieviele Opfer, die mir von ihren Leiden erzählten, habe ich gebeten, daraus ein Buch zu machen, einen Bericht zu veröffentlichen. Manche haben mir resigniert geantwortet: Das hat keinen Zweck. Das druckt kein Verlag, das nimmt keine Zeitung, das will im Fernsehen keiner hören!

Was für eine Schande! Nicht nur zu Solidaritätszuschlägen sind wir Verschonten gegenüber den Gequälten verpflichtet, sondern zur Betonung ihrer Würde, zur Würdigung ihrer Schicksale und damit der Entlastung ihrer Entwürdigung – und zwar in der Öffentlichkeit! Dies vor allem muß geschehen, damit die geschlagenen Wunden wirklich heilen können: Man muß ihnen von Ort zu Ort, von Gemeinde zu Gemeinde Hochachtung zuteil werden lassen. Man muß ihre Kinder besonders fördern, muß in öffentlichen Veranstaltungen immer wieder betonen, wie sie – letztlich auch für uns – diesem verbrecherischen System widerstanden haben!

Zwar gibt es einige bemühte Vereine. Es gibt neuerdings sogar einige Verlage, die die erschütternden Berichte drucken,

Zeitungen, die sich um Fairness und den so notwendigen Lernprozeß, ja, um ein Deich-Bauen gegen eine neue gefährliche
Flut bemühen – ist doch die Gefahr, daß sich das Blatt der Geschichte einem neuen Versuch mit dem Ersatzgott Sozialismus
zuneigt, hierzulande nur allzu gegenwärtig: Dieser Schoß ist
fruchtbar noch, wesentlich mehr als ewig-gestriger Faschismus
in Deutschland! Uns geht es eher ähnlich wie der große Philosoph Lewis das mit einer Metapher umschreibt: Da rufen die
Menschen ohne Grund: ‚Feuer, Feuer!‘ – und merken nicht,
daß der Deich gebrochen ist und das Wasser hochflutet!

Die Gefährlichkeit dieser Situation aber kann nur von denen
erkannt und bekämpft werden, die die schwerstgebrannten
Kinder dieses verbrecherischen Systems und seiner Geisteshaltung sind. Deshalb sollten sie mithelfen, daß ihre Erfahrungen
als Opfer des kommunistischen Regimes bekanntgemacht werden. Denn nur so kann die innere geistige Ordnung in der Bundesrepublik wieder hergestellt werden.

Es ist nötig, daß wir die ganze Dimension dieses Grauens in
der zweiten Hälfte des vergangenen Jahrhunderts erkennen;
denn es handelt sich nicht um einen Kampf zwischen Sozialismus und Kapitalismus, sondern um einen Vernichtungskampf
des Atheismus gegen das Christentum, dem wir zu widerstehen
haben.

Religiöse Indoktrination

Die Archive der DDR sollten nicht nur für die Gauck-Behörde
verfügbar sein. Sie sind für jeden westlichen Bundesbürger bedeutsam. Besonders aufschlußreich ist das Dokumentations-
und Propaganda-Material, das jetzt offen auf dem Tisch liegt,
vor allem das der Film-Archive. Hier gibt es viel zu lernen über
die Intentionen und Formen einer zielgerichteten Indoktrination besonders der Kinder und Jugendlichen. Es ist verdienst-
voll, daß der Sender 3-Sat mit einem Dokumentationsfilm,

der unter dem Titel „Kinder – Kader – Kommandeure" am 15. 2.1998 abendfüllend ausgestrahlt wurde, einen Querschnitt zusammengestellt hat, in dem vor allem die Manipulation der Kinder vom Kindergartenalter ab im Mittelpunkt stand.

Es gehört zu den Grundgegebenheiten einer jeden Diktatur, einen besonders gewichtigen Akzent auf die frühe Vereinnahmung der Kinder durch den Staat zu betreiben und den Einfluß von Eltern und Familien möglichst weitgehend auszuschalten; denn: „Wer die Jugend hat, hat die Zukunft", wußte ebenso unverfroren der Nationalsozialismus.

Die DDR-Dokumentation brachte das durch Abschnitte aus Lehr- und Unterrichtsfilmen vorzüglich zum Ausdruck: mit winkenden Kinderlein zwischen lieben Soldaten – den starken Beschützern gegen die drohenden Feinde... usw.

Was den Film aber besonders wertvoll machte, war außer der Darstellung der intellektuellen Indoktrination im Schulunterricht vor allem die der emotionalen Beeinflussung der Kinder und Jugendlichen. Die Anleitung zum Aufspüren und Anzeigen von „Agenten", die Großveranstaltungen mit den zu Militärmusik singenden und jubelnden Kindern, kulminierend in der Begeisterung der Jugend für den herrlichen „Generalissimus Stalin" und seine zum Heil führenden Ideen – das Entflammtsein, das in den vielen strahlenden reinen jungen Gesichtern zum Ausdruck kam, das war das am meisten Erschütternde an diesem Film; denn es machte deutlich, daß die rote Diktatur – genau wie der Spuk der 12jährigen braunen – den Hebel ihrer tiefgreifenden Gehirnwäsche im religiösen Bedürfnis besonders der jungen Menschen ansetzte. Der selbsternannte Gottmensch war für sie zum Greifen nahe: als der heldische Führer, der den Weg weist zu einer strahlenden Zukunft, hinein in das gerechte Friedensreich, zum Arbeiterparadies; eine geradezu wunderbare Figur, der Anbetung würdig und jegliches Opfer rechtfertigend – sogar das des eigenen Lebens.

Übereinstimmend dokumentiert die Art der Indoktrination an den deutschen Kindern von 1933 - 45 und dieser der DDR von 1949-89 die religiöse Ansprechbarkeit und Begeisterungs-fähigkeit junger Menschen. „Die Fahne ist mehr als der Tod", sang die Jugend im Nationalsozialismus und wurde so dazu manipuliert, sich in Faszination für das „heilig Vaterland" und seinen „göttlichen" Führer millionenhaft, absolut opferbereit, „auf dem Feld der Ehre" hinschlachten zu lassen. Das gleiche Leuchten in den Augen der marschierenden Kinder der DDR, die gleiche Opferbereitschaft in den bei Sturm und Regen Wa-che stehenden Volksarmisten, im Grunde der gleiche fürchter-liche Betrug wurden in dem Dokumentarfilm eindrucksvoll er-kennbar.

Die Enträtselung der Frage: „Wie ist eine solche Massenver-führung im vergangenen Jahrhundert gleich zweimal in Deutschland möglich gewesen?", heißt: Nichts ist wirksamer, um Menschenmassen zu überpersönlichem Einsatz zu moti-vieren, als die Vergöttlichung eines Staatswesens und seines zum Gottmenschen hochstilisierten Potentaten. Die irdische Nach-Äffung des Christentums, der Mißbrauch religiöser Ge-fühle sind das wirksamste Konzept der Dämonie; denn es bün-delt die edelsten, die heiligsten Gefühle besonders der noch un-erfahrenen Jungen und macht sie zu hochpotenten Werkzeu-gen in der Hand der vom Größenwahn besessenen Manipula-toren.

Hitler wurde rasch entthront. Götzen – so zeigte sich nach dem Zusammenbruch – sind von einer kraftvollen jungen Ge-neration leicht ersetzbar: Für die ostdeutschen Kinder mußte dazu bis zu Stalins Tod 1952 der „Generalissimus" im Kreml herhalten, für die Westdeutschen wurde das Goldene Kalb auf den Thron gehoben. Nur zeigte sich, daß dieses weniger geeig-net ist, um dem Menschen als religiöses Hochziel und als Er-satzbefriedigung zu dienen. Das Goldene Kalb bündelt nicht die emotionale Kraft, sondern es zerstreut, es erniedrigt sie und bringt sie gemeinsam mit anderen Egoismen zum Versumpfen und Erlahmen. Seit 1989 wird dieses Schicksal nun auch der Generation der Spät-Entlassenen aus dem Zauberberg des

„Arbeiterparadieses" zugemutet. Als ein wirklich befriedigender Weg zum Heil aber wird er sich ebenfalls nicht erweisen; denn ohne Gott wandelt sich die Kultur des Lebens so oder so über kurz oder lang in eine Kultur des Todes. Das ist die Quintessenz elend trauriger deutscher Irrwege im 20. Jahrhundert. Eine tiefgreifende Vergangenheitsbewältigung durch Lernen an der jüngsten Geschichte wäre also dringend angezeigt.

Unisono

Das ist ein merkwürdiges Phänomen: Unter der eindrücklichen Erfahrung über die Menschenunwürdigkeit von diktatorischen Systemen hat unsere Zeit den Gleichschritt abgeschafft. Nach dem Motto: „Jedem das Seine" haben wir stattdessen auf das größtmögliche Maß an Freiheit für den Einzelnen gesetzt; und dennoch schleicht sich in unserem Zeitgeist ein Trend zur Uniformität ein. Nicht nur in der merkwürdigen, jahrzehntelang anhaltenden, weltweiten Mode der Jeanshosen für jedes Lebensalter und jedes Geschlecht zeichnet sich das ab, dieser Trend umfaßt mehr oder weniger alle Lebensbereiche und signalisiert eine fragwürdige Einengung unseres Seins.

Bei den Meldungen der Medien wird das z.B. deutlich: Welchen Kanal man auch wählt: Über den ganzen Tag lang kaut jeder Sender die gleichen Berichte durch – und, so läßt sich gelegentlich durchschauen: schweigt sich unisono über andere Neuigkeiten aus. Nicht nur in den Kaufhäusern ist das Angebotene wie nach einer stillen Übereinkunft gleichförmig – sogar in den Buchläden werden allein die gleichen Werke ausgelegt; und wenn man nicht um andere namhafte Publikationen wüßte, blieben sie einem – weil sie in den Auslagen fehlen – gänzlich unbekannt.

Daraus ergibt sich aber nicht nur ein Trendtrott im Angebotenen, viele Menschen selbst passen sich, ohne das zu merken, in ihrem Denken dem Geist der Gleichförmigkeit an. Es herrscht vielerorts die gleiche Meinung vor und wird auf den

Partys und Talkshows bis zur gähnenden Langweiligkeit wiedergekäut – meistens auch noch mit dem Schein eines eigenen Standpunktes versehen, obgleich die eintönigen Reden weit davon entfernt sind. Da gibt es Klischees, die – in Wirklichkeit ebenso falsch wie überholt – regelmäßig mit Überzeugungskraft vorgetragen werden und jede Menge Beifall ernten – so z. B. die Devise von der Gleichheit der Geschlechter, dem Angeborensein von Homosexualität oder der Selbstbestimmung der Frau über ihren Bauch.

Dabei läßt sich das Bedenkliche dieser Tendenzen mehr noch an den Informationen ablesen, die hartnäckig verschwiegen werden. So wurde z. B. Anfang November laut Fernsehnachricht im Bundestag eine Änderung der Erbschaftssteuer als einziges Ergebnis einer tagelangen Debatte beschlossen. Aber mehr als diese unisono vorgetragene plakative Nachricht ging nicht durch. Genaue Einzelheiten fielen, wie diktatorisch unterbunden, unter den Tisch.

Oder: Daß der § 175 1992 endgültig abgeschafft wurde, war nicht der kleinsten Debatte wert! Ebenso wird die Wahrheit über die Gefahr, sich mit dem HI-Virus zu infizieren, keineswegs in einer der Sache angemessenen Weise dargelegt. Freilich gibt es immer wieder einzelne Menschen, die sich dieser Gleichschaltung widersetzen. So hat kürzlich ein einzelner junger Mann Strafantrag gegen Pro Familia wegen Verbreitung pornographischen Materials gestellt. Prompt wurde er in Fernsehsendungen lächerlich gemacht. Auch Vertreter der katholischen Kirche, die auf diesem Sektor ein wahres Wort wagen, fallen einer nachhaltigen Medienhatz anheim.

Bilden sich Vereine oder Publikationsorgane, die es sich zur Aufgabe machen, sich der Gleichschaltung zu widersetzen, so werden sie knopfdruckartig negativ abgestempelt: als „unseriös", „unwissenschaftlich", „rechtsextrem", „stil-los", „fundamentalistisch", „sektiererisch" usw. Meistens werden sie sehr rasch an einen Medienpranger gestellt, oft sogar am Vertrieb ihrer Erzeugnisse gehindert, auf jeden Fall aber ausgegrenzt. Sind diese Produkte von Käufern abhängig, so geht ihnen infolgedessen meist bald die Puste aus, obgleich das Dargebotene oft dadurch interessant ist, daß es über sonst Verschwiegenes wahrheitsgemäß informiert.

Zynischerweise hat man in den USA diese Errichtung neuer, viel zu weit gehender Tabuzonen mit der Bezeichnung „political correctness" belegt, obgleich an diesem Procedere gerade nichts korrekt ist, weil es sich nämlich um nichts weniger als um eine unfaire Bemühung handelt, die volle Wahrheit nicht ans Tageslicht kommen zu lassen.

Damit zeigt skurrilerweise unsere sogenannte „freie Welt" Züge einer weltweiten Diktatur – mitten in einer Ära, die es sich zum Ziel setzte, durch möglichst viel Demokratie und Liberalität dem Machtanspruch herrschsüchtiger Einzelner oder Kasten ein für allemal valet zu sagen. Das ist absurd und müßte dringend ins Bewußtsein mindestens der Journalisten, deren Stand grundsätzlich mit empfindlicher Attitüde auf Freiheit setzt. Aber ach, auch gerade unter ihnen wagen nur noch wenige, aus der Reihe zu tanzen – und das ist verständlich. Der Name wird dann allgemein weniger anerkannt – mag einer von ihnen auch noch so gut schreiben –, und seine Karriere in dieser von Non-Konformisten gereinigten Atmosphäre steht ebenfalls in Frage. Und nicht jeder Familienvater kann sich das angesichts seiner Verantwortung für die Versorgung von Kindern erlauben. Merken wir, wie engmaschig dieses Netz bereits ist und uns – darin gefangen – zappeln läßt?

Wohin entwickelt sich der Mensch im Geiste dieser von Denkverboten umgebenen Einengung? Erzeugt diese Gleichschaltung nicht eine ameisenhafte Mentalität? Und wie sehr unterstützt nun noch der Computer diese Abschaffung menschlicher schöpferischer Eigenart in einer beängstigenden Weise? Was ist das noch für ein Wesen, das am Tage vor einem viereckigen Kasten Knöpfe drückt, der ihm Gleichgeschaltetes vermittelt, und dieses Rechteck am Abend mit einem anderen Kasten vertauscht, der ebenfalls merkwürdig gleichgeschaltet

zwischen sex and crime auf Dauer unendlich einförmig sogenannte Unterhaltung bietet, die diesen Begriff in all ihrer Langweiligkeit (von Ausnahmen abgesehen) oft gar nicht mehr verdient?

Was für Schlüsse müssen wir aus diesen Trends für unser eigenes Leben ziehen? Als erstes, daß wir in einer großen Gefahr
sind (weil die Wahrheit darüber verschwiegen wird), weil wir
im Begriff sind, die Stärke unseres Herdentriebes zu unterschätzen. Auf dem gleichen Ton zu blöken, erzeugt unreflektiert in uns ein bedenklich gutes Gefühl: nämlich richtig zu liegen, und das heißt: in Ordnung zu sein. Gleichförmigkeit lullt
uns ein, weil unsere Seele sich berechtigterweise durch den
Gleichklang mit der Gruppe beschützt fühlt. Aber das macht
uns manipulierbar, das schaltet echte Kritik über die Richtig-
keit des Vorgekauten aus, ja, es beschneidet nicht nur unsere
Freiheit, es mindert unsere Persönlichkeit!

Wer es sich bewußt macht, was sich hier anbahnt, sollte zumindest dieser massiven Manipulation Widerstand entgegen-
setzen, allein, um die eigene Seele zu bewahren; denn in diesem
Strom unnachdenklich mitzuschwimmen, läßt sie in die Gefahr
geraten, zu einem fühllosen Rädchen im Getriebe zu verkom-
men. Zumindest dem Knöpfedrücken in der Freizeit sollten wir
zu entfliehen suchen; denn neben unserem Nachahmungstrieb
wird auch noch der Hang zur Gewohnheit zu einer weiteren
Gefahr der Entpersönlichung. Mag das Welteinheitsreich der
Gleichgeschalteten auf dem besten Wege sein, sich zu konsti-
tuieren – der echt Freie wird immer daran erkennbar sein, daß
er der schleichenden Infiltration den Entschluß zu kritischer
Distanzierung entgegensetzt.

Unpopuläre Worte

Der Computer wird auch das in Kürze möglich machen: Uns
in Jahresfrist diejenigen Worte zu vermitteln, die einen hohen,
und die, die einen extrem niedrigen Häufigkeitsgrad haben. Ich

nehme an, „Innovation", „Infrastruktur", „Arbeitslosigkeit", „Steuerreform" werden zur Zeit Hochkonjunktur haben, andere scheinen – und zwar schon seit vielen Jahren – wie verscheucht, so als hätten wir sie aus unserem Sprachschatz mit Verve geradezu eliminiert.

Das Wort „Demut" gehört zum Beispiel dazu, „Keuschheit" und auch „Opfer". Obgleich diese Worte christlichem Gedankengut entstammen, werden sie selbst in kirchlichen Bereichen nur noch selten benutzt und sogar in den neuen Bibelübersetzungen möglichst oft durch andere, weniger mit „negativer Valenz" behafteten Worte ersetzt.

Aber es gibt noch andere Worte, deren Ungebräuchlichkeit weniger durch einen bestimmten Trend (hier des säkularisierten) unmodern geworden sind, sondern die gewissermaßen mehr oder weniger sang- und klanglos verschwinden, obgleich ihre Aussagen im Grunde immer noch sehr bedeutsam sind. Zu diesen unmodern gewordenen Worten gehören zum Beispiel die Substantive „Gewöhnung" und „Nachahmung".

Haben wir uns in unserer Zeit unsere Gewohnheiten abgewöhnt? Bedürfen unsere guten und schlechten Gewohnheiten keiner Beachtung mehr? Müßte Gewöhnung an gesunderhaltende oder auch soziale Lebensweisen zwecks Ausbildung lebenserleichternder Gewohnheiten nicht von wichtiger pädagogischer Bedeutung sein? Warum gelten sie dennoch so wenig? Ich vermute, daß es unsere Gier nach Neuem ist, die Priorität hier vom „Gewohnten" wegverlagert hat. Gewohnheit hat für unsere Zeit anscheinend einen Beigeschmack von Behäbigkeit, von Stagnation, ja, von Zurückbleiben hinter der hoch im Kurs liegenden Innovationsjagd. Für die Pädagogik ist das bedauerlich, weil anerzogene Gewohnheiten – z. B. zur Geduld, zur Bescheidenheit, zur Dankbarkeit, zum Maßhalten – für Kinder ein heilsamer Rahmen zu sein vermögen, der von einer solchen Basis guter Gewohnheiten bessere Startfelder für ein solides Lebensglück und zu Höherentwicklung zu mehr Menschlichkeit sein könnte.

Ähnlich ist es mit dem Wort „Nachahmung". Es müßte eigentlich ein Hauptvokabel in der Humanpsychologie sein. Aber selbst in den modernen einschlägigen Lehrbüchern hat das Wort „Nachahmung" Seltenheitswert. Dabei beruht ein hoher Prozentsatz jeglichen Lernvorgangs auf Nachahmung. Nicht allein im Bereich der Sprache ist das so, sondern in jeglichem Verhalten. Der Mensch besitzt nämlich einen mächtigen, erst recht kaum noch erwähnten *Trieb* zur Nachahmung, der mitnichten auf Kleinkinder beschränkt ist.

Die Macht der Mode, die so merkwürdig anmutende Vereinheitlichungstendenz im Meinungsspektrum – hervorgerufen durch die nachahmungsträchtigen Vormacher besonders in den elektronischen Medien – diese Einheitlichkeit mitten in einem superindividualisierten Zeitalter, das den Menschen vom Kindesalter ab einen Bauchladen mit der Vielfalt seiner Möglichkeiten hinhält, ist im Grunde ein staunenswertes Phänomen, das allein in der Durchschlagskraft des Nachahmungstriebes seine Erklärung findet. Dabei wäre es durchaus nützlich, wenn wir nur unsere Nachahmungsbereitschaft mehr im Bewußtsein hätten, um gegen ein gedankenloses Mitlaufen in schädlichen Trends gewappnet zu sein und uns abzuschirmen gegen Einflüsse, die weder für den Einzelnen noch für die Gemeinschaft positiv sind.

Ja, manchmal scheint es geradezu, als sollten solche Worte, denen ein hoher Wert zur Selbsterkenntnis innewohnt, geradezu von uns ferngehalten werden – vielleicht wirklich mit dem Ziel, uns zu blindem Stimmenvieh herabzumindern?

Wir sollten acht haben auf Worte und Inhalte, die so nachdrücklich unmodern geworden sind. Gewiß nicht selten ist gerade in ihnen Unaufgebbares enthalten, jedenfalls, wenn wir den Anspruch aufrecht erhalten wollen, kultivierte Menschen zu bleiben.

Bildung und Familie:
Mit dem Rücken zur Wand

Bildungsnotstand

Die neuen Bemühungen um die Erstellung von Ausbildungs-
plätzen tragen hektische Züge. Reichlich spät wurde es in der
Bildungspolitik unseres Landes erkannt, daß die Einbahnstraße zu Abitur und Studium ein Weg in die Massenarbeitslo-
sigkeit ist. Es hat sich gezeigt, daß die romantische Ideologie,
alle Menschen zu Akademikern „zu begaben", eine Über-
schätzung von Machbarkeit bedeutet. Eine erhebliche Zahl
von Studenten, die heute die Universität bevölkern, ist nicht eigentlich studierfähig. Sie quälen sich durch ein lang und länger
werdendes Studium, 25 % brechen es (oft jenseits der 30jährig-
keit) ohne Abschluß ab, andere erleben, daß sie zu alt geworden sind und die für sie in Frage kommenden Plätze bereits be-
setzt sind. Langanhaltende Subvention durch die geplagten Eltern oder durch das Sozialamt müssen in Anspruch genommen
werden, teure ABM-Stellen und Umschulungen werden unumgänglich. Oft scheitert alle Planung zur Gründung einer Familie von „Dr. Arbeitslos" an der fehlenden materiellen Grundlage dazu. Ehen ohne Trauschein oder frustiertes Single-Leben
sind die Folgen, mit seelisch kranken und unglücklich ge-
machten jungen Menschen. Für die Zukunft der Gesellschaft
ist diese falsche Weichenstellung eine unzulässige Verschwen-
dung von nutzlos verpuffender Lebenskraft in einer zum Usus
erstarrenden provisorischen Daseinshaltung.

Das muß anders werden, hat die Administration erkannt,
und so versucht man, durch die Schaffung neuer Ausbildungs-
möglichkeiten die falsche Bahnung umzulenken. Das ist eine
verdienstvolle Maßnahme. Sie wird aber nur greifen können,
wenn insgesamt in die Pädagogik ein neuer Geist – und das

heißt: wenn durchgreifend eine Veränderung der Schwerpunkte in den Lehrplänen – vollzogen wird. Der Kern des Übels liegt nämlich in der ideologischen Vorstellung, daß jedem Menschen von Kindesbeinen an die Möglichkeit gegeben werden müsse, Wissenschaft zu lernen. Schon an mancher Umformulierung der Fächerbezeichnungen bereits in der Grundschule läßt sich das ablesen: Statt „Rechnen" gilt es „Mengenlehre" und „Mathematik" zu lernen, von Ethik, Kybernetik und Rhetorik in den Oberstufen der Gymnasien ganz abgesehen.

Diese Haltung hat sogar auch in den Ausbildungen zu eher praktischen Berufen eine Überblähung theoretischer Lernfelder hervorgerufen. Das wird dann zum Übel, wenn von dem Lernerfolg vorrangig in den theoretischen Fächern das Erreichen des Ausbildungszieles abhängt: Das vermehrt künstlich die Zahl der Scheiternden bei den oft vorrangig praktisch begabten jungen Menschen.

Auch bei dieser Veränderung in den letzten Jahrzehnten hat das Übel die gleiche Wurzel: Wissenschaftlichkeit wird ein zu hoher Rang zugemessen und mit der Wertigkeit des Menschen verknüpft. Wissenschaftliches zu lernen soll (aus Gerechtigkeitsgründen) den Wert des Menschen steigern. Schon das Kurssystem an der Oberstufe der Gymnasien dient (unter Verlust des Status an Allgemeinbildung) der Einbahnung in die Verkopfung. Auf dem Boden dieser Geisteshaltung sind aber auch die Ausbildungen in den Fachschulen, ja sogar in den Berufsschulen in ihren theoretischen Fächern „wissenschaftlicher geworden" und überfordern auch hier oft unnötigerweise die eigentlich ausbildungsfreudigen jungen Menschen. Abgesehen davon wird die Qualifikation für die praktischen Berufe auf diese Weise keineswegs verbessert: Oft laufen hier nun ebenfalls die eher theoretisch Begabten den mehr praktisch, musisch oder sozial Begabten, die für diese Berufe eigentlich die Geeigneten sind, den Rang ab.

Es hilft deshalb nicht, lediglich an die Eltern zu appellieren, ihre Kinder nicht aus Prestigedenken zu irgendeinem „Studium" zu trimmen. Auch für die Vielzahl der sozialen Berufe z. B. die früher lässig mit einem Realschulabschluß zu erreichen waren, hat man heute ohne Abitur oft keine Chance. Ja, auch manche Abiturienten scheitern dort bereits an den viel Theorie voraussetzenden Aufnahmeprüfungen. Andere Institutionen legen erst einmal Probesemester ein und sieben nach einer theoretisch überfrachteten Eingangsstufe die aus, deren geringere Gedächtnisleistungen bereits auf der Schule bewirkten, daß sie weidlich überstrapaziert wurden. Ich habe mehrere Male erlebt, daß solche praktisch und sozial engagierten jungen Menschen dann doch z. B. der Physiotherapie, der Ergotherapie, der Sozialpädagogik den Rücken kehrten und auf die zunächst weniger barbarisch aussiebenden Geisteswissenschaften der Universität überwechselten...

Wir brauchen neu eine sorgsame Beachtung unterschiedlicher Begabungen und für diese angemessene Ausbildungsbedingungen. Sonst wird all das neue, notwendige Bemühen fruchtlos bleiben müssen und das Gesamtbildungsniveau nicht positiv beeinflussen können. Eine Gesellschaft kann nur dann den Anspruch erheben, als human zu gelten, wenn sie jedem Menschen – gleich zu welchem Begabungstyp er gehört – Gleichwertigkeit zubilligt, statt unter Verlust von Elite Gleichheit erzwingen zu wollen.

Kultur ohne Elite?

Mehr Förderung von Hochbegabten habe Altbundespräsident Roman Herzog angemahnt, verkündeten vor einiger Zeit die Nachrichtenagenturen. Die „Überflieger" hätten in unserem Bildungssystem keine zureichenden Chancen, hieß es. Unser ehemaliges Staatsoberhaupt hat damit (ohne Widerspruch!) ein Tabu gebrochen. Was für ein gewichtiger Anstoß!

Meine Beobachtungen in der Praxis als Kinder- und Jugendpsychotherapeutin können einen beklagenswerten Mißstand auf diesem Sektor bestätigen. Es ist sicher schon immer für Lehrer und Mitschüler nicht ganz einfach gewesen, den Alles-Könner, den Einsen-Schreiber unter den Schülern zu ertragen - zu sehr erregt er nun einmal Neid, diesen Erzfeind jeglicher Menschlichkeit! Und doch ließ sich in den Zeiten vor 1970 im Allgemeinen eine gesündere Einstellung der Lehrer zu ihren Überfliegern ausmachen. Der Primus war öfter auch der Liebling des Lehrers. Gelegentlich dachten sich Pädagogen sogar Sonderaufgaben für ihre Superschüler aus, oder sie gaben der Förderung einer Begabung in einem einzelnen Bereich besonderen Raum. So etwas wie eine hellhörige Mitverantwortung der Pädagogen war Usus, eine Bereitschaft, dem Elitären zur Entfaltung zu verhelfen. Man war dabei auf einen möglichen Gewinn für die ganze Gesellschaft bedacht.

Wenn ich aber die Berichte von Eltern aus den letzten 30 Jahre Revue passieren lasse, scheint es, als sei wie mit einem Schlag diese pädagogisch so sinnvolle Einstellung mehr und mehr in Vergessenheit geraten. Es ist stattdessen eine beklagenswerte Tendenz entstanden, möglichst viele Schüler auf einem möglichst einheitlichen mittelmäßigen Niveau durchzubringen.

Der eindrucksvollste Bericht wurde mir jüngst aus einer nordrhein-westfälischen Gesamtschule berichtet: In einer französischen Grammatikarbeit bekamen - außer dem Primus – alle Schüler der Klasse für 12 und 13 Fehler Fünfen und Sechsen, der „Star" für seine Null Fehler eine Eins. Der Lehrer ließ am nächsten Tag (! denn die Zeugniskonferenz drohte) die Arbeit wiederholen, da sie so nicht gewertet werden konnte. Jetzt erreichten die meisten der Schüler mit bis zu 15 Fehlern eine Vier, der Überflieger für seine zweite fehlerfreie Arbeit zwar abermals seine Eins, doch im Zeugnis, wenige Tage später, bekam er in diesem Fach eine Zwei, obgleich er ohne Ausnahme Einsen geschrieben und sich auch mündlich immer hervorragend beteiligt hatte.

Fragen Eltern hochbegabter Kinder in solchen Fällen nach den Gründen einer ungerecht nivellierenden Zensurierung, so antworten manche Lehrer, daß es ihnen grundsätzlich unangenehm sei, Einsen zu erteilen, da es doch absolute Vollkommenheit nun einmal nicht gäbe. Manche machen aus ihrer Ungerechtigkeit sogar ein pädagogisches Prinzip: Der Schüler müsse sich an die Realität dieser Welt gewöhnen, da auch das Leben später keine Einsen verteile. – Das ist sicher nicht durchgängig die Einstellung der Lehrer gegenüber den Hochbegabten, aber sie kommt verblüffenderweise recht häufig vor.

Und es ist sicher in Zukunft mehr noch nötig als das einsame Veto unseres Staatsoberhauptes, um hier einer letztlich unverantwortlichen Ideologie zu begegnen; denn diese Ungerechtigkeit entstand schließlich auf dem Trend zur Vereinheitlichung, zur „Chancengleichheit" der weniger intellektuell Begabten mit den scheinbar bevorzugten Hochbegabten. Diese Entwicklung hat zur Vermassung des Gymnasiums und zur Entwertung des Abiturs geführt – auf Kosten des Leistungsniveaus an den Universitäten; denn ein Gefährt, das übervoll beladen ist, hat keine Chance, die Wagenrennen der Nationen zu gewinnen! Internationale Statistik hat diese Befürchtung jüngst bereits bestätigt: Eine weltweite vergleichende Studie über die Schulleistung in Mathematik verwies die Deutschen auf den 23. und in der Rubrik Science auf den 19. Platz. Politisch wie pädagogisch ist die Repression von Elite also außerordentlich unklug.

Darüber hinaus: Für den einzelnen Überflieger ist die Situation auch noch prekär. Hochintelligenz und Sensibilität sind häufig miteinander gekoppelt. Hält diese den langen Gang einer immer neu gedeckelten Ungerechtigkeit aus? Hohe Leistungsmotivation kann sich unter einer fortgesetzten Benachteiligung und Eingrenzung auch abrupt verflüchtigen, in Resignation oder u. U. in erbitterten Protest gegen „das ganze System" umschlagen. Auf jeden Fall wird ein auf diese Weise fehlbehandelter Hochbegabter eine bedenkliche Erfahrung aus seiner Schulzeit mitbringen: daß hoher Einsatz sich nicht lohnt, nicht angemessen honoriert wird und es allenfalls besser ist, sich im Mittelmaß durchzuschlängeln, statt in vollem Einsatz die besonderen Begabungen hochtourig auszuschöpfen.

Ob wir hoffen können, daß dem großen Wort unseres Alt-präsidenten in unseren Schulen die ach, so nötigen Einstellungsänderungen folgen?

Forschungsdurchbruch

Der Zusammenhang zwischen negativen Erfahrungen hinsichtlich der natürlichen Bedürfnisse des Kindes und späteren typischen Fehlverhaltensweisen wurde in der ersten Hälfte dieses Jahrhunderts von praktisch arbeitenden Kinderpsychotherapeuten so häufig gesehen, daß sich daraus eine Neurosenlehre erstellen ließ.

Es wurde ersichtlich, wie unermeßlich wichtig eine positive oder negative Gefühlsentwicklung des Menschen ist, wie sehr eine gesunde oder kranke psychische Entfaltung von förderlichen oder hemmenden Einflüssen auf das Kind in den ersten Lebensjahren abhängig ist, und es ließ sich nachweisen, wie wenig die Gepflogenheiten in der Pflege bisher den echten Entfaltungsnotwendigkeiten des Menschen entsprachen, zumal besonders die Umgangsweisen mit den Säuglingen in den 60er und 70er Jahren zunehmend künstlicher wurden: Flaschennahrung statt Brustnahrung, Säuglingszimmer statt Nähe zur Mutter, lange Abtrennung von ihr bei Frühgeborenen und bei Krankenhausaufenthalten.

Mittlerweile hat es in diesem Bereich einige Fortschritte gegeben: In den 80er Jahren wurde es endlich weltweit unstrittig, daß ein halbjähriges Vollstillen nach Bedarf unübertreffbar die beste Voraussetzung für das physische, psychische ja, sogar das intelektuelle Gedeihen des Kindes ist und daß es dafür ebenso förderlich ist, wenn die Neugeborenen im Rooming-In-Verfahren ohne Unterbrechung in der unmittelbaren Nähe der

Mütter belassen werden, ja, daß auch Frühgeborene besser gedeihen, wenn man sie im sogenannten „Känguruh-Prinzip" betreut.

Seit diese Erkenntnisse in der Kinderheilkunde Eingang fanden und seit der Staat durch die Einführung des Baby-Jahres hier mithalf, wurden zunehmend mehr Säuglinge langfristig gestillt. Zunehmend häufiger blieb den Kindern dadurch auch in den ersten 12 Monaten die Mutter als konstante Bezugsperson erhalten. Freilich, daß dieser Zeitraum noch zu kurz ist, um die Gefahr einer später kaum revidierbaren seelischen Beschädigung zu vermeiden, weil lebenswichtige Antriebe des Kindes sich nicht artgerecht entfaltet haben – das galt nach wie vor bis heute als eine unbewiesene Theorie, eine ideologieverdächtige darüber hinaus, weil die notwendigen pädagogischen Konsequenzen absolut konträr sowohl gegen den starken Trend zur Berufstätigkeit der jungen Mütter als auch gegen die Tendenz zur Frühsexualisierung der Kinder standen.

Obgleich die Zuordnung phasenspezifisch beschädigter Antriebe zu typischen seelischen Erkrankungen (bis zur Raubkriminalität und Sexualdelinquenz) sich in der praktischen Arbeit immer mehr bestätigen ließ, wurde die darauf aufbauende Neurosen- und Erziehungslehre in der Öffentlichkeit geradezu unterdrückt und so wenig berücksichtigt, daß sie immer seltener noch auf den Hochschulen und den einschlägigen Fachschulen vermittelt wurde. Dem massenhaften Ansturm der erwartungsgemäß eintretenden seelischen Störungen (besonders der neurotischen Depressionen und der neurotischen Verwahrlosung mit der Süchte auslösenden Betäubungsneigung) sowie dem Zuwachs an Perversionen konnten darum auch die Heilberufe zunehmend weniger gewachsen sein, zumal es zur Erfahrung von praktisch arbeitenden Psychotherapeuten gehört, daß Kernneurosen eine erhebliche Therapieresistenz aufweisen.

Es muß deshalb als ein Durchbruch von höchstem Wert angesehen werden, daß es amerikanischen Forschern (vgl. Gary

Lynch, Bruce Perry, Harry Chugani) gelungen ist, auf die Verknüpfungsvorgänge im Gehirn des jungen Kindes aufmerksam zu machen, so daß deren Bedeutsamkeit für eine seelisch gesunde oder kranke Charakterentwicklung im Erwachsenenalter endlich angemessen erkennbar wird (siehe besonders: Stanley I. Greenspan, The Growth of the Mind and the Endangered Origins of Intelligence).

Bestätigt die Forschung die tiefgreifenden Schädigungsmöglichkeiten des menschlichen Gehirns in den ersten fünf Lebensjahren, könnte endlich gezielte Vorbeugung anberaumt werden. Dann ließe es sich vermutlich verwirklichen, daß mehr Menschen eine optimale Stimmungslage erwerben könnten und eine optimistische, in sich ebenso kraftvolle wie abgesättigte Grundstimmung, und das heißt gleichzeitig: verringerte Anfälligkeit gegen Rauschgift und Kriminalität (und das heißt auch: mehr Arbeitsfähigkeit und weniger Arbeitsausfall).

Durch einen wissenden Einsatz der Eltern an dem jungen Kind ließe sich so besonders dessen spätere Liebesfähigkeit steigern. Wie positiv würde sich das auf die Befähigung zu Ehe und Familie auswirken, ja, wieviel mehr dürfte man hoffen, daß öfter im reifen Erwachsenenalter vor dem narzißtisch-infantilen Egoismus die Liebe Priorität gewönne! Würde dann gar noch die Intelligenz durch endlich angemessene Lernanreize so gefördert werden, daß eine optimale Lernlust entstünde – was für ein Aufschwung wäre zu erwarten, wenn man das allgemein anstreben würde!

Das Zwischenzeugnis

Jedes Jahr hoffen alle Menschen, die etwas mit Schule zu tun haben – die Schüler, die Eltern, die Lehrer, die Kinderpsychotherapeuten –, daß man sich an die Verlegung des Zwischenzeugnisses vom Herbst auf Ende Januar gewöhne, daß diese Neuregelung, die doch wohl als schulische Verbesserung gedacht war, schließlich irgend etwas Positives sichtbar werden läßt – oder daß sonst irgendein Wunder geschieht. Es zeigt sich aber Jahr für Jahr neu, daß sie auch durch Gebrauch nichts von ihrer Grausamkeit einbüßt. Mit Macht setzt Anfang Dezember der Hürdenlauf dicht gedrängter Clausuren ein.

Just in der Zeit, in der Generationen von Schulkindern sich früher daran machten, für ihre Eltern, Geschwister, Paten und Großeltern Geschenke zu basteln, zu malen, zu sticken, zu häkeln und zu stricken, Geschichten zu erfinden, zu schnitzen und zu töpfern – und sich so in Kreativität und Schenkfreude einzuüben –, müssen sie nun mindestens an die drei Clausuren pro Woche schreiben, (und auch die mit Zensuren belegten Tests dazwischen bedürfen der Vorbereitung), und das keineswegs mehr wie noch zu seligen Schulkinderzeiten in den Hauptfächern allein, sondern nun auch – und die Freude für diese Fächer durchaus mindernd – in Musik, in Kunst, in Religion, in Physik, in Chemie, in Biologie, in Geschichte, in Gemeinschaftskunde und Ethikunterricht, oder was sich die Herren an den grünen Tischen weiteres einfallen ließen, um Schülerleben zu vergällen.

Selbstverständlich prasselt es dadurch nicht nur an stressigen Klassenarbeiten, sondern als Folge davon nun auch an Noten. Da aber die Vorbereitung für die Arbeiten in dieser Gedrängtheit selten ausreicht, hagelt es nur allzu häufig bedrohliche Zensuren.

„Gerade noch ein knappes Ausreichend", scheint mir nach den Berichten der Kinder in meiner Praxis geradezu die Standardnote zu sein. Aber dann gibt's auch dies: „Leider nur zwei Punkte in der Mathe-Arbeit"; „In Physik reichte es leider nur zur Fünf"; „Noch so eine Note wie in Bio, und ich kann einpacken".

Der Zensurenstand am Beginn der Weihnachtsferien am 23. Dezember ist jedenfalls gar nicht einmal so selten wenig geeignet, um mit voller Brust ins „Oh, du fröhliche" und „jauchzende Frohlocken" einzustimmen.

Gerade diejenige Gruppe unserer Gesellschaft, in der Weihnachtsfreude als christliche Lebensbasis eingeprägt werden könnte und sollte, die Familie, erfährt so mehr oder weniger häufig eine dumpfe, künstlich produzierte Beeinträchtigung.

Die mag am Heiligen Abend gerade noch verdrängbar sein; aber spätestens am zweiten Feiertag taucht die Nähe des Zeugnistages wieder auf; denn noch ist Gelegenheit, den Vermerk „Versetzung gefährdet" durch eine angestrengte Vorbereitung auf noch zu schreibende Clausuren auszugleichen.

Vorbei der Genuß dieser im Jahreszyklus einmalig göttlichen Ferien durch die Freude an der Beschäftigung mit lang ersehnten Geschenken. Die Vernunft treibt seufzend zur Schultasche zurück.

Und meine Erfahrung mit Schulkindern hat mich gelehrt, daß diese Plage keineswegs eine Angelegenheit leistungsschwacher Schüler allein ist. Oft zeigt sich sogar, daß die Beunruhigung, die Anspannung bei den fleißigen, leistungsbemühten Kindern noch größer ist und die Weihnachtszeit beeinträchtigt, ja, gelegentlich geradezu verdirbt.

Das „Jahrhundert des Kindes" – ist es in Hürdenläufen für die Leistungsgesellschaft verblaßt? Ja, mir scheint, daß durch diese schulische „Verschlimmbesserung" etwas höchst Wertvolles gemindert wird: die volle Einstellung im Dezember-Kinderleben auf eine heimatgebende Erlösung: durch das Erleben von Liebesempfang und Liebestat; denn wie leicht lassen sich seelisch gesunde Kinder im Schulalter zur Schenkfreude motivieren! Wie anrührend ist der Eifer bei den Jüngeren, den Angehörigen durch Selbst-Gefertigtes eine Weihnachtsfreude zu machen!

Und erst recht bleibt die Dankbarkeit auf der Strecke; denn für die sonst auf neuem Papier, mit neuem Stift und neuer Bemalung, mit den neuen Farben fabrizierten Bedanke-mich Briefe nach dem Weihnachtsfest ist in diesen Ferien nicht genug Muße vorhanden...

Aber ist die Erziehung zur Dankbarkeit nicht ein ganz besonders unaufgebbarer Wert? – „Alle Kultur beginnt mit der Dankbarkeit", lehrte uns noch auf der Universität der Philosoph.

Das mag in einzelnen Fällen anders sein. In Kiel soll es sogar eine Traumschule geben, die den Lehrern ab dem 10. Dezember einen Clausurenstopp auferlegt; aber durchgängig herrscht im Schulleben unserer Kinder absolut überflüssige Bedrängtheit, die sich sehr einfach durch eine Verlegung des Zwischenzeugnisses auf Ende Februar abschaffen ließe.

In manchen Bereichen der Schule, die – nicht aus pädagogischen, sondern aus ideologischen Gründen – ebenso wenig befriedigend verändert wurden (ich nenne nur die Einführung der Gesamtschule und den Kursunterricht an den Oberstufen der Gymnasien) scheint sich z. Z. so etwas wie eine Rückkehr zur Realität anzubahnen. Eine Neuregelung des Zwischenzeugnisses sollte mit ins Blickfeld der Revisionsnotwendigkeiten rücken!

Aber der Familie fehlt leider eine Lobby. Sie scheint den Politikern letztlich immer noch zu unwichtig. Und wer mag schon erkennen, daß die Verlegung eines Zwischenzeugnisses für die Erhaltung der Kultur des Abendlandes von Bedeutung ist?

Jugend mahnt an

Sexualaufklärung von Kindern in der Gossensprache gilt hierzulande als ein legitimes pädagogisches Procedere. Bereits in den 70er Jahren durchwanderten die Theaterstücke „Rote Grütze" und „Was heißt hier Liebe?" die Schulen. Zunächst schien sich diese Tendenz bis zur Mitte der 80er Jahre etwas abzuschwächen, um sich mit der Begründung der AIDS-Prophylaxe ab 1985 ein weites Terrain abermals bis in die Schulen hinein zu schaffen – diesmal nicht auf dem Boden privater Initiativen allein, sondern mit Hilfe vielfältiger staatlicher und kirchlicher Institutionen. Die Broschüre „Let's talk about

Sex", jene Aufklärungsschrift aus dem Gesundheitsamt der Regierung von Rheinland-Pfalz in Mainz, ist nur ein besonders krasses Beispiel dieser Informationsmethode, die sich bei genauerem Hinsehen aber nicht als eine solche erweist.

In ihrem Mittelpunkt stehen vielmehr (angesichts der Bedrohung von Aids) absonderliche Desinformationen.

1. Es gäbe ein Verhütungsmittel, das Kondom, das promiskuitiven Geschlechtsverkehr angeblich bereits vom Jugendalter ab weiterhin ziemlich ungefährlich mache, und
2. Homosexualität sollte (selbst angesichts der tödlichen Gefahr geschlechtlicher Betätigung) praktiziert werden, da sie eine angeborene Variante der Sexualität sei.

Die „jugendnahen" Ausführungen – mancherorts nun schon über Personen, die von der „Aids-Hilfe" für diesen Job „ausgebildet" wurden, im Schulunterricht vorgebracht – haben in der Praxis zur Folge, daß jede Menge normaler Jungen und Mädchen, die sich noch in der pubertären homoerotischen Durchgangsstufe befinden oder noch eine (sehr natürliche) Scheu vor dem anderen Geschlecht haben, sich irrtümlicherweise für homosexuell halten und nun – an sogenannte Schwulen- und Lesbenselbsthilfegruppen verwiesen – genötigt werden, sich homosexuell zu betätigen und diese ihre „Veranlagung" heroisch zu „outen", d.h. die Familie und ihre sonstige Umwelt über ihr Lesben- oder Schwulsein zu informieren. Eine neue Welle der Verzweiflung wird so über die betroffenen Eltern gebracht, die fassungslos vor diesem in ihre Familien eingebrochenen Verführungsfeldzug stehen.

Aber nicht die Ungeheuerlichkeit der neuen Aufklärungswelle, die jedem Jugendschutz Hohn spricht, soll im Mittelpunkt dieser Ausführungen stehen. Ich möchte vielmehr ein in den Diskussionen stereotyp vorgebrachtes Argument für die Gossensprache dieser Pamphlete entkräften. Die Hersteller dieser Machwerke und diejenigen, die sie verbreiten, betonen unisono, daß dieser Tenor der Sprache der Jugend entspreche.

Sie sei ihr deshalb gemäß, und man müsse die „Jugendlichen dort abholen, wo sie stehen" .

Aber auch das ist eine Behauptung, die schlechterdings unwahr ist. Schließlich wird kein Kind auf der weiten Welt mit einem Vokabular an Gossensprache geboren. Sie werden vielmehr – zu ihrem Schaden – damit im Laufe ihrer Kindheit vom Kindergarten bis zur Schule mehr oder weniger infiziert, da die Gossensprache dort wohlwollend geduldet wird. Erwachsene lassen es zu, daß Kinderseelen in einem wichtigen, sehr intimen, sehr verletzbaren Bereich aus der Zone sorgsamer, behutsamer Einführung in eine brutale Konfrontation heruntergeholt werden. Gossensprache dient keineswegs der Vorbereitung zu einem angemessenen Umgang mit der Sexualität im Erwachsenenalter. Vulgärsprache auf diesem Sektor erniedrigt diesen Antrieb vielmehr, verschweint ihn, erweckt Ekel, Abneigung oder suchtartige Überneugier und schließlich seine aus dem geschöpflichen Zusammenhang abgelöste Verselbständigung.

Die mit diesem Trend Identifizierten behaupten dennoch nachhaltig und trotzig: Nur so könne man die Message von der so erstrebenswerten Lust (in welcher „Spielart" auch immer) wirklich „rüberbringen". In diesem Jargon erwarte das die Jugend.

Meine Erfahrung mit einer Vielzahl von Jugendlichen in Gesprächen zu diesem Thema ließ mich das Gegenteil wissen. Unverdorbene Kinder haben ein inneres Bedürfnis, sich mit dem „Richtigen", mit dem „Guten" zu identifizieren. Gossensprache wird von ihnen zunächst nur als ein amüsantes Wider-den-Stachel-Löcken verstanden. Und auch das hat eine Großuntersuchung des Meinungsinstituts von Los Angeles im Auftrag der Vereinigung „Children now" jetzt nachhaltig bestätigt:

„Wir waren überrascht, wie entschieden dem Wunsch nach besseren moralischen Wertvorstellungen (im Fernsehen) durch die Jugendlichen Ausdruck verliehen wurde", sagte der Präsident der beauftragenden Vereinigung. „62 % der Befragten sagten z. B., daß Sex im Fernsehen junge Menschen dazu bringe, sich auf Sex einzulassen, obwohl man noch zu jung dazu sei." – Die gesamte Untersuchung erbrachte eine Mehrheit in der Abneigung gegen eine verrohende Tendenz insgesamt.

Selbst Jugendliche heute – so zeigt sich – haben ein Bedürfnis nach dem „Höheren", nach moralischen Vorgaben, ja mehr noch: Immer öfter entwickelt sich bei manchen nun bereits eine Distanz zu einem verrohenden Zeitgeist.

Um so zwingender aber ist ein Appell an die verantwortlichen Institutionen in Deutschland, Jugendliche nicht an die Sümpfe auszuliefern und dann gar noch zu behaupten, man könne nur noch in der Sprache von Suhlferkeln mit ihnen grunzen.

Und sie sind doch verschieden – Mann und Frau!

32 Jahre lang haben Hirnforscher in den USA gebraucht, um eine alte wissenschaftliche Erkenntnis neu zu erhärten: Mann und Frau haben psychisch und geistig erheblich verschiedene Dominanzen: Frauen sind vor allem bei den Vorgängen um das Sprechen den Männern überlegen. Sie lernen es früher und sie lernen deshalb auch rascher das Lesen, sie haben ein viel größeres Sprechbedürfnis, sie haben eine wesentlich bessere Möglichkeit, ihren Gefühlen Ausdruck zu verleihen etc., Männer haben dagegen uneinholbare Vorteile in der mathematischen und in der technischen Begabung.

Das Erstaunliche an diesen Erforschungen sind aber nicht ihre Ergebnisse. Sie haben wissenschaftlich keine neuen Erkenntnisse erbracht. Diese liegen bereits seit 30, zum Teil sogar seit 80 Jahren vor. Das Erstaunliche ist, daß die Wahrheit der psychischen und geistigen *Unterschiedlichkeit* der Geschlechter in der veröffentlichten Meinung wieder zugelassen werden darf. Das ist ein echter Fortschritt; denn nur auf wahrer Erkenntnis lassen sich nun einmal gedeihliche Schlüsse für das praktische Leben ableiten.

In den vergangenen 30 Jahren ist die Wahrheit im Hinblick auf die Geschlechterpsychologie durch eine verhängnisvolle Ideologisierung mit vielen unguten Folgen unterdrückt worden. Wie über Nacht wurden am Beginn der 70er Jahre mit der sogenannten „emanzipatorischen Pädagogik" ohne jeden Gegenbeweis die Erkenntnisse der Geschlechterforschung geradezu vom Tisch gefegt und an ihre Stelle die Ideologie der Gleichheit von Mann und Frau in den Universitäten installiert. Umgesetzter Marx: Da allein die Gesellschaft den Menschen macht, würde im Patriarchat auch die Frau „gemacht", d. h. entmachtet, verdummt, entmündigt. „Wir werden nicht als Mädchen geboren, wir werden dazu gemacht", hieß ein Buchtitel von Ursula Scheu 1977. Aller psychische Geschlechtsunterschied habe seine Ursache eben in der Machtanmaßung der Männer.

Was die Deutschen anpacken, machen sie gründlich: Wer in den vergangenen Jahren auf der Universität studierte, wer in dieser Zeit zur Schule ging und von den dort Ausgebildeten in Sozialkunde, Pädagogik oder Psychologie unterrichtet wurde, konnte nur, wenn er sehr großes Glück hatte, etwas über den Wissensstand in Hirn-, Hormon- und geschlechterpsychologischer Forschung erfahren: Er lernte stattdessen (feministische) Ideologie. Zwar wird eine Lehre nicht dadurch zur Wahrheit, daß sie von der Mehrheit als solche angenommen wird (wie deutlich sollte uns das der Nationalsozialismus gelehrt haben!) – aber es ist in den Epochen ideologischer Verblendung kaum möglich, der Wahrheit Gehör zu verschaffen. Noch heute kommen Abiturientinnen oft ebenso wie deren Mütter voll Empörung hoch, wenn ihnen jemand etwas über die längst bekannten psychischen und geistigen Unterschiede von Mann und Frau zu berichten versucht.

Blockierte Erkenntnisse aber bedeuten blockierten Fortschritt. Gleichheitsideologie setzte ohne Rücksicht auf die pädagogischen Verpflichtung, angelegte Begabungen besonders zu fördern (denn das erhöht die Lernmotivation), die Zwangskoedukationsschule durch. Ohne Rücksicht auf die Dominanzen der Mädchen – besonders der musischen Bereiche – wurde die Schule in den höheren Klassen immer einseitiger verkopft.

Ungut auch wirkte sich die Annahme einer Gleichheit von Mann und Frau auf die Kindererziehung aus. Nachweislich ist die Mutter die Begabtere bei der Betreuung von Säuglingen. Sie hat die natürliche Nahrung parat. Sie braucht sie nicht erst zu erfinden, zu kaufen nach bezahltem Arbeitseinsatz und mit Hilfe eines mühsam konstruierten „Stillbusenhalters" zu verabreichen. Sie wacht schneller auf, wenn ihr Kind sich des Nachts meldet (der sogenannte Ammenrapport ist bei ihr besser ausgebildet). Und diese Hellhörigkeit im wahrsten Sinne beschränkt sich nicht nur auf diesen einen Bereich. Sie ist durchgängig von größerer Reagibilität. Und nicht umsonst nennen wir die heimatliche Sprache „Mutter-Sprache": Die größere Sprechfreudigkeit der Mütter macht sie geeigneter als den Vater, die Kinder das Sprechen zu lehren.

Das bedeutet freilich gewiß nicht, daß Väter bei der Erziehung ihrer Kinder unwichtig wären; aber ihnen fällt auch hier die Aufgabe zu, mütterliche Mentalität zu ergänzen, bez. Ausgewogenheit herzustellen.

Aber verhängnisvoller noch: Die Gleichheitsideologie der Geschlechter erwirkte falsche Vorstellungen und falsche Erwartungen der jungen Frauen in die Männer und hat gewiß einen erheblichen Anteil daran, daß in der Bundesrepublik sich im vergangenen Jahr 192.000 Paare schieden – so viele wie nie zuvor –, die meisten aufgrund des Scheidungsbegehrens der Frauen, die von ihren Männern enttäuscht sind, weil niemand sie gelehrt hat, diese in ihrer psychischen Eigenart zu verstehen; denn Männer denken anders als Frauen, sie lieben auch anders. Die psychologische Praxis lehrt heute: Für viele Männer ist es unfaßlich zu erfahren, daß sie den emotionalen Ansprüchen ihrer Frauen nicht genügen. Ratlos (oft allerdings erst nach einer Phase aus Verzweiflung erwachsener gebrüllter Primitivreaktionen) willigen sie in die Scheidung und in die Fron lebenslänglicher Unterhaltszahlungen ein.

Und diese Reihe der unguten Folgen ließe sich beliebig fortsetzen.

Die neue Schlagzeile über das US-Ergebnis in der deutschen Presse ist eine Hoffnung; denn auch das lehrt die Weltgeschichte: Lügen haben gegenüber der Wahrheit eben doch die kürzeren Beine. Das ist Trost – wenn auch keine Entschuldigung für leidvollen Umweg großen Stils über Dezennien hinweg.

Am Beginn des visionären Zeitalters

Das Wort „Vision" hat Konjunktur. Würde man zählen, wie oft es in der x-beliebigen Wochenendausgabe eines Journals auftaucht, man müßte wähnen, in Deutschland habe eine Genexplosion von Seher-Begabungen stattgefunden. Einer visioniert ein Berufsheer, ein anderer den Kindergartenplatz für jedermann, einer hat die Vision eines geeinten Europa, der andere gar einer „one world".

In einer Studentenzeitung las ich:

„UNIVISION heißt das neue Programm der AktionsGemeinschaft. Du bekommst die UNIVISION gratis an unserem Infostand.

ÖKOVISION heißt das neue Umweltprogramm der AktionsGemeinschaft. Sie hat Visionen für eine lebenswerte & -fähige Zukunft entwickelt. „Umwelt Uni" ist darin ebenso ein Thema wie „Energie-Sicherung" durch ungefährliche, erneuerbare Energiequellen.

Eine andere Vision ist die umweltfreundliche Gratisbenutzung der Öffis. Daher fordert die AktionsGemeinschaft Freifahrt das ganze Jahr, auch in den Ferien."

Das Wort Vision erleidet dabei eine bemerkenswerte Sinn-verschiebung. Während nämlich die meisten der Benutzer eigentlich von einer oft trivialen und manchmal bereits in aller Munde seienden Wunschvorstellung sprechen, bedeutet Vision laut Duden „Erscheinung" und das will heißen: die subjektive Wahrnehmung von Bildern in ekstatischen, gelegentlich auch seelisch krankhaften, oft vor allem religiösen Zuständen. Visionen sind die Domäne von Heiligen und Schizophrenen.

Die Inflation des Wortes Vision ist nun freilich gewiß nicht im mindesten ein Zufall. Sie ist vielmehr geradezu symptomatisch dafür, daß in unserem Zeitgeist eine Kompensation fällig wird. Allzu sehr war er bis in die 80er Jahre hinein von einem Trend zum Understatement, zur Unterkühlung bestimmt. Zumindest mußte es so scheinen, als sei man von rationaler Gelassenheit, von knapp formulierender Sachlichkeit geradezu triefend, wenn man in der öffentlichen Szene – sei es als Politiker, als Wissenschaftler, als Talkshow-Diskutant – Anerkennung ernten wollte. Dieses Verhalten war die Auswirkung eines Jahrhunderts der Wissenschaftsgläubigkeit. Die verhaltene Argumentationsweise hatte den Wissenden zu simulieren, den Fachmann, der schein-bescheiden im Vollbesitz seines erforschten und erarbeiteten Geistbesitzes ruht.

So wenig dieser Status auch für viele der sich so Benehmenden zutraf – er war zur Etikette avanciert und prägte so sehr den Verhaltensstil in der Öffentlichkeit, daß aus dieser scheinbar überlegenen Sicherheit allmählich eine geradezu maskenhafte Gefühlsverengung resultierte. Solche Einseitigkeiten halten sich freilich nie lange. Oft geradezu explosionsartig setzen Gegenbewegungen ein, wie sie nach 30 Jahren Understatementpflicht denn auch als wildwuchernde Gefühlsausbrüche in unserer Landschaft sichtbar werden. Magie grassiert, Aberglaube blüht und fegt die Einseitigkeit der obligatorischen Gefühlsverdrängung beiseite. Plötzlich ist statt unterkühlter Kritikfähigkeit der Himmel zum All-Einen offen. Alles wird „Vision".

Dennoch scheint es mir notwendig, der philologischen Schluddrigkeit, die die Bedeutungsausweitung sichtbar macht, entgegenzuwirken und für die Vision dasjenige Terrain freizuschaufeln, das ihr zusteht. Die Visionen der Propheten z.B. erwiesen sich deshalb als echte Begnadungen der Seher, weil sie sich als wahr herausstellten. Die Visionen des Johannes z.B. über die Zukunft und die Endphase der Welt sind von erschütternder Realität, wenn man die symbolischen Bilder in unsere Alltagssprache überträgt. Hier hat das Wort „Vision" in der Tat eine Sinn-entsprechende Berechtigung.

Mir drängte sich kürzlich angesichts des Berichtes einer Boulevardzeitung (nicht als Vision, sondern als Assoziation) eine besonders zutreffende Darstellung der anschaulich wahrgenommenen Erscheinungen des Visionärs Johannes auf: Die Zeitung berichtete (in der typischen Manier unseres ach so offenen Stils, Befindlichkeiten aus dem Intimbereich mit Lust ans Tageslicht zu zerren) von einer Umfrage über die Lust auf Sex von Müttern nach der Geburt ihrer Kinder. Im Tonfall des Entsetzens wurde resümiert: Gleich null sei die bei der Mehrheit! Und das, obgleich es doch unzumutbar sei, auf dieses Höchste alles Hohen eine Zeitlang zu verzichten!

Zwischen den Zeilen wurde so signalisiert und suggeriert: Dies sei doch ein Grund mehr, um sich zu überlegen, ob man bei einer so unumgänglichen und einschneidenden Einbuße überhaupt Kinder in die Welt setzen solle. Mutterschaft als Falle.

Der Prophet Johannes erschaute diese dekadente Einstellung unserer Tage vor 2000 Jahren mit folgender Vision: „Und sie beteten das Tier an, indem sie sprachen: Wer ist dem Tier gleich und vermag, mit ihm zu kämpfen? Und es ward ihm ein Maul gegeben, um prahlerische und lästerliche Reden zu führen, und es ward ihm Vollmacht gegeben, es eine Zeitlang so zu treiben." (Off 13,40-5)

Das Wort Vision – hier trifft es zu!

Tugend will ermuntert sein,
Bosheit kann man schon allein

Eine der unbekömmlichsten Fehlvorstellungen unserer Zeit besteht darin, die Doktrin zu predigen, daß der Mensch „von Natur gut" sei. Das ist vor allem deshalb eine Illusion, weil sie sich nicht an der geschichtlichen Erfahrung orientiert. Gerade, was wir landläufig unter „Historie" verstehen – das Gewoge der gierigen Kämpfe durch die Zeiten hindurch –, strotzt doch geradezu von der Bosheit, der Skrupellosigkeit, der Heimtücke der Potentaten im Gerangel um Macht und Besitz mit einer Vielzahl räuberischer Invasionsgelüste. Ebensoviel, wenn nicht mehr noch, ist aus der Bibel zu lernen – angefangen von der traurigen Psychologie des ersten Menschenpaares bis hin zu Judas und Pilatus; aber schon kluge Pädagogen des Altertums, wie z. B. Sokrates und Plato, haben uns einiges Wissenswertes auch auf diesem Sektor ins Stammbuch geschrieben.

Ganz und gar kontraproduktiv, ja gefährlich verantwortungslos wirkt es sich aus, wenn man – wie bei uns seit 30 Jahren – eine solche Parole zur Prämisse in der Kindererziehung erhebt. Denn schließlich kommt der Mensch keineswegs als Kulturwesen auf die Welt. Dominant ist vielmehr sein Selbsterhaltungs- und Selbstbehauptungstrieb. Ihm frönt er zunächst gänzlich rücksichtslos, was immer unverblümter zum Ausdruck kommt, nachdem er sich auf die Beine gestellt hat. Die Sache mit der Liebe ist in diesem Status noch ein sehr schwaches Pflänzchen. Den größten, den besten Brocken haben zu wollen, bleibt lange noch vorrangig, bevor mühsam die Kunst gelernt wird, unter Geschwistern gerecht zu teilen. Das ist – so sehr das wohlmeinende Eltern enttäuscht – eine urtypische Erfahrung im Kinderzimmer.

Die meisten Eltern, selbst wenn man sie mit der Ideologie vom guten Menschen indoktriniert, rücken – von der Erfahrung belehrt – deshalb bald wieder von der imaginären Hoffnung ab, durch antiautoritäre erzieherische Zurückhaltung dem engelhaften „Gut-Menschen" zur Entfaltung zu verhelfen. Der Alltag lehrt gebieterisch, daß Erziehung unumgänglich ist, wenn auch nur erträgliche Gemeinschaft zustandegebracht werden soll. Eltern erfahren am ungeschliffenen Verhalten ihrer Kinder, daß Grenzen gesetzt werden müssen, wenn Konsens erreicht werden soll. Sie spüren, daß dieser Neuaufguß der Lehre von Jean Jacque Rousseau von 1769 wenig mit Realität zu tun hat.

Wie schon einmal im vorrevolutionären Frankreich hat sich die laufenlassende Umgangsweise mit Kindern in den Familien denn auch bald wieder überlebt, und es brauchte heute kein Wort mehr darüber verloren zu werden, wenn es den in den 70er Jahren rasch Karriere machenden Ideologen nicht gelungen wäre, der Schulwirklichkeit die Doktrin vom guten Menschen als Prämisse aufzudrücken. Mehr oder weniger versteckt gibt es zumindest in den Schulen nördlich des Mains immer noch weiter die paradoxe Tendenz, den Kindern in der Schule eine „Erziehung zum Ungehorsam" gegen die Lehrer angedeihen zu lassen; denn – so heißt das heimliche Motiv – wenn dieses Etappenziel erst einmal erreicht sei, könne viel nicht mehr fehlen, mit Hilfe einer Vorbereitung zur Anarchie auch den Traum von einer „anderen Republik" zu verwirklichen.

Das hatte sich nach dem wilden Aufbruch von 1969 mit Unterstützung der damaligen SPD-FDP-Regierung erstaunlich leicht angelassen: Werte wie Disziplin, Ordnung und Schulzucht wurden aus dem Vokabular der Lehrpläne entfernt, und oft kam es zu erstrebenswert chaotischen Zuständen im Schulbetrieb. Obgleich sich Parolen dieser Art oberflächlich beruhigten, blieb in vielen Schulen (besonders der nördlichen Länder der Bundesrepublik) ein Hauch von Aufstand gegen „das System", gegen Staat und Schule – mit Hilfe der Schule! – unter Zuhilfenahme antiautoritärer Parolen weiter erhalten.

Erst kürzlich wurde mir von einem Theaterstück berichtet, zu dem alle Schüler einer Gesamtschule in Niedersachsen ab

Klasse 8 des Ortes verpflichtet wurden. Es wurde ihnen in diesem „Kunstwerk" per Schulpflicht vermittelt, wie man Schulstreik organisiert und gestaltet, um den Unsinn von Schule überhaupt abzuschaffen. Am nächsten Morgen wurde über dieses Theaterstück in Fäkal- und Gossensprache im Unterricht nun nicht etwa ein kritisches Gespräch geführt – nein, es wurden (plötzlich ganz autoritär) lediglich Sanktionen gegen jene Schüler erhoben, die angeekelt das Theater vorzeitig verlassen hatten.

Zieht man Trends dieser Art in Rechnung, ist es gewiß nicht verwunderlich, daß es ausgerechnet in dem Bundesland, das von dem neuen Bundeskanzler regiert wurde, so häufig zu Randalen, zu spektakulären Aktionen von Banden kommt und die Jugendkriminalität so sehr boomt.

Wenn auch mit dem antiautoritären Element hierzulande zur Zeit eher verdeckt operiert wird, so ist – besonders in Niedersachsen – die Orientierungslosigkeit der jetzigen Schülergeneration bereits beträchtlich fortgeschritten. Selten noch wird den Jugendlichen deshalb in der Schule so etwas wie eine geistige Orientierung geboten. Wie in einem Selbstbedienungsladen wird ihnen mehr oder weniger wahllos eine riesige Stoff-Fülle vorgesetzt – offenbar mit dem Ansinnen, sie möchten das für sie Passende selbst herausfinden. Das aber kann ihnen nicht gelingen, fehlt ihnen doch die Lebenserfahrung, um das Unbekömmliche vom Gedeihlichen unterscheiden zu können.

So entsteht die Tendenz, eher das Billige, das Bequeme vorzuziehen. Gleichzeitig aber erhöht sich der Pegel des Unmuts in den Jugendlichen; denn ihre Seele lechzt nach überschaubarer Einsicht, nach Klarheit der Konzepte und ihrer absichernden Eindeutigkeit. Statt der subversiv-staatsfeindlichen Intention, bei der die Kinder lediglich als Vehikel einer revolutionären Tendenz benutzt werden, wäre es mehr als berechtigt, von den pädagogischen Staatsdienern eine positive Einstellung zumindest zu unserem demokratischen Staat übermittelt zu bekommen. Weder anarchistische Tendenz, noch eine versteckt durchgetragene Erziehung zum Ungehorsam kann jungen Menschen dienlich sein. „Tugend will ermuntert sein, Bosheit kann man schon allein", wußte besser bereits der weise Humorist Wilhelm Busch.

Aber das Wort „Tugend" ist den meisten Jugendlichen heute überhaupt unbekannt, und wie man sich ihrer befleißigt, ist ihnen erst recht ein Rätsel mit sieben Siegeln. Es ist für viele Schulen in Niedersachsen – so zeigt mir meine jugendpsychotherapeutische Praxis – kein Erziehungsziel mehr, zur Tugend zu ermuntern, und das heißt: anzuregen, den Nebenmenschen zu respektieren, ihm Achtung zu zollen, es sich zum Gebot zu machen, ihn nicht zu berauben, zu belügen und zu betrügen, auf die Gemeinschaft Rücksicht zu nehmen und Gewaltausübung jeglicher Art zu unterlassen. Wenn es ein derartiges Ermuntern zur Tugend bei einer Reihe von Lehrern auch hierzulande doch immer noch wieder gibt, haben diese Kinder Glück gehabt. Sie sind zu ihrem Heil den Relikten eines aufgegebenen Wertekanons begegnet.

Deshalb bleibt die brennende Frage: Kann dieser niedersächsische Trend Vorbild sein für den Eintritt ins nächste Jahrhundert? Mir scheint, es wäre besser die Wahrheit Wilhelm Buschs nicht aus den Augen zu verlieren. Der Mensch entwickelt sich nicht zum Menschen, wenn man ihn nicht in jungen Jahren in den Eigenschaften übt, die das Wesen menschlicher Kultur ausmachen. Hätschelt man stattdessen die Bosheit, so ist das gewiß mehr schon als der Anfang der Anarchie, vor der Plato bereits vor dem Niedergang der griechischen Kultur als Folge eines destruktiv falschen pädagogischen Ansatzes warnte.

Ist „Mutter" nun endgültig out?

Aldous Huxley hat es uns bereits vor 50 Jahren prophezeit: Wenn die „Brave New World" erst begonnen hätte, dann würden die Wörter „Mutter" und „Vater" aus unserer Sprache verschwinden; denn sie zu gebrauchen gelte in der voll anonymisierten, voll automatisierten, voll kollektivierten Gesellschaft als unanständig.

Die Kennzeichen mehren sich, daß wir im Begriff sind, uns diesem Status anzunähern. Vor allem durch eine Tabuierung des Wortes Mutter. In der Endfassung eines UNO-Textes, der auf der Weltfrauenkonferenz in Peking jüngst erarbeitet wurde, kommt das Wort „Mutter" oder „Mutterschaft" überhaupt nicht mehr vor. Weil nach der Vorstellung der dortigen Delegierten sich eine Frau grundsätzlich als diskriminiert empfinden müsse, wenn man sie als „Mutter" kennzeichnet, hat man eine neue Definition dieses mehr als bedauerlichen Zustandes, der aber leider immer noch gelegentlich vorkommt, eingeführt: Es handelt sich laut UNO-Text jetzt um „Frauen während der Zeit der Kindererziehung".

Diese Formulierung entspricht einer angeblich „fortschrittlichen" Vorstellung. Mutterschaft wird danach ihre Urgegebenheit aberkannt. Sie ist – nach der Lesart dieser Ideologie – lediglich eine „Rolle", die eine Frau einige Jahre (bedauerlicherweise!) noch heute gelegentlich übernimmt, ein eine kleine Zeit übergestülptes Rollenkleid, das bitte so schnell wie möglich wieder am häuslichen Garderobehaken abzulegen sei. Aber nicht dieser lautstarke Trend auf der Weltfrauenkonferenz ist das eigentlich Erstaunliche; denn dieser Trend ist in der BRD gewiß nicht im mindesten neu. Er versucht vielmehr als Teilbereich des „Marsches durch die Institutionen" bereits seit 1968 hierzulande in erstaunlicher Verbohrtheit die Wahrheit umzubiegen.

Hierzulande wurde man – wenn man up to date sein wollte – bereits von den frühen 50er Jahren ab genötigt, bei Gelegenheiten, in denen eigentlich von der Mutter die Rede sein sollte, lieber das Wort „Bezugsperson" zu gebrauchen. Das schien bereits damals modisch-sachlich, weckte scheinbar keine Animositäten gegen einen geschmacklosen „Muttermythos", es wurde der Vorstellung gerecht, daß eine konstante persönliche Betreuung des Kindes durch die Mutter – eben jener „durch die Bande des Blutes" verbundenen Person – peinlich veraltet (gruselig faschistisch gar?) und überdies einfach ungerecht sei, ungerecht gegen jene Personen, die auch ohne Blutsverwandtschaft einen guten Bezug zum Kind aufbauen könnten. Ganz im Sinne Huxleys unterstellte seitdem unser Trend: Dem Eigentlichen, dem Wesentlichen, dem rein Funktionalen, dem apersonalen Kern in der „Sozialisation" des Kleinkindes ist der Ausdruck „Mutter" heute nicht mehr gemäß.

Nun gibt es freilich immer wieder Gelegenheiten – wie in Peking –, bei denen man eigentlich nicht umhin könnte, den Ausdruck „Mutter" doch zu gebrauchen, z. B. in Familienfragen, bei Scheidungsangelegenheiten, bei familienpolitischen Programmen. Da die Tabuierung des Wortes bei uns längst schon ungeschriebene Vorschrift ist, spricht man also dann einfach vom „Elternteil" oder von der „Ein-Eltern-Familie" im Gegensatz zur „vollständigen Familie" oder einfach nur von „Partnern".

In einem Entwurfpapier eines amtlichen evangelischen Gremiums z. B. zum Thema „Erziehen – wozu?", das 1976 in zweijähriger Expertenbemühung erarbeitet wurde, kam damals bereits bei vielen weisen Äußerungen auf 12 Schreibmaschinenseiten das Wort „Mutter" ebenfalls nicht mehr vor. Eingebrachte Anträge, die unaufgebbare Bedeutung der Mutter für die Erziehung der Kinder unmißverständlich zu artikulieren, wurden damals bereits zurückgewiesen oder überstimmt. Wer bei dieser oder anderen Gelegenheiten hartnäckig für die Unaufgebbarkeit des Wortes „Mutter" als einer unterscheidenden Benennung der spezifischen Wesenheit und Notwendigkeit von Mutterschaft plädierte, wurde mit nachsichtigem Lächeln als ein Don Quichote, als einer mit einer starrsinnigen reaktionären „Macke" beiseite getan; denn, bitte sehr: „Elternteil", das zumindest sei ein treffendes Wort, bei dem voll integriert ist, daß Mutter und Vater funktional, gänzlich gleich und infolgedessen auch legitim austauschbar seien.

Ja, so unterstellt man hierzulande bereits seit mehr als 20 Jahren, die Wissenschaft „wisse", daß die Mutter auch durch den Vater und sogar durch Bezugspersonen der verschiedensten Art ersetzbar sei. Es handelte sich dabei eben um „Rollen", die angeblich prinzipiell weglegbar und auswechselbar seien. Diese „Wissenschaft" wisse deshalb auch, daß es in der „Brave New World" notwendig sein würde, gleichwertige Bezugssysteme neben das veraltete der „bürgerlichen Familie" zu stellen.

Das Erstaunliche am Pekinger UNO-Text ist deshalb nicht die Erfüllung von Huxleys als Warnung gedachter Prophetie, sondern vor allem die abstruse Gegebenheit, daß eine so augenscheinliche Verbiegung der Wahrheit sich nach 30 Jahren immer noch nicht überlebt hat, sondern daß diese Hydra sogar international immer neue und immer zahlreichere Köpfe gebiert, obgleich mittlerweile die negativen Auswirkungen dieses Ausverkaufs von Mutterschaft mehr als bedrohlich sichtbar geworden sind. Nicht nur, daß europäische Zukunft, daß das christliche Abendland auf diese Weise in seiner Existenz mittlerweile in Frage gestellt ist – Erfahrungswissenschaft macht weltweit immer mehr sichtbar, wie unaufgebbar die Erstbindung des Kindes an seine Mutter ist, als eine zwingende Voraussetzung zu seiner so wünschenswerten „Sozialisation" im Erwachsenenalter.

Einer der zahlreichen internationalen Belege gelangte jüngst aus dem pädagogischen Institut der Gesamthochschule Essen sogar an die Öffentlichkeit: Im Grunde können trotz aller Betreuung der Kinder durch gewerbliche Bezugspersonen in noch so fabelhaften Institutionen diejenigen Kinder bereits in der Schule Besseres leisten, die in Familien von konstanten Eltern betreut werden. Die Familie ist aller institutionellen „Sozialisation" der Kinder überlegen, und nichts beweist das schließlich mehr als die traurigen Früchte der zusammengebrochenen Ostblockländer.

Dennoch wird nach wie vor versucht, diese weltweit erfahrene Wahrheit unter den Teppich zu kehren. Immer noch „schließt man messerscharf, daß nicht sein kann, was nicht sein darf"; denn das würde entlarven, daß des Kaisers als neuerklärten Kleider keine Kleider sind – daß der Kaiser vielmehr, umkleidet mit dieser selbst ausgedachten Ideologie, eigentlich nackt ist.

Erfüllt sich also an der Schar ideologisch verbohrter Frauen in unserer Zeit vielleicht noch eine weitere, eine viel ältere Prophetie? Ist dies die Stunde, in der die Feindschaft zwischen der Frau und dem Verführer anbrach, eben jener Frau, die der Schlange glaubte und sich damit anmaßte, ohne auf Gott zu hören, selbstbestimmt allein zu wissen, was gut und böse ist? Ist dies darüber hinaus auch die Stunde, in der der alte Drache die Frau mit dem Kind zu verschlingen sucht (Offb 8)?

So beunruhigend diese Frage ist, so tröstlich ist aber dann auch für uns die göttliche Prophezeihung: Der marianischen Frau wird Gott selbst, wird aber auch „die Erde" helfen. Heißt das nicht, daß es auch heute und in Zukunft noch genug echt mütterliche Frauen geben wird, die sich ihren gesunden Menschenverstand, ihre gesunde Erdhaftigkeit nicht durch teuflische Verführung abkaufen lassen?

Und auch davon ist wohl einiges bereits in Peking sichtbar geworden: Es gab dort eine christliche „Family Life Coalition", es gab darüber hinaus eine Delegation des Vatikans die kraftvoll widersprechend das Naturrecht der Frau auf dieser Konferenz zu Gehör brachten.

Mag die Mehrheit zur Zeit auch noch von allen guten Geistern verlassen sein, so können wir doch fest die Hoffnung bewahren, daß mit der Gottesmutter Maria einst die Wahrheit siegen wird.

Die neue Chance –
Abkehr von der Coedukationsschule

Der ideologiestarke Geschlechterkampf ist in eine neue Phase eingetreten: Angeführt von der Egalitätsideologie, trat die Schule von den 70er Jahren ab in das Großexperiment der Coedukation ein; denn falls die Theorie auf Wahrheit beruhe, müßte sich doch mindestens nach 25 Jahren eines solchen Vorgehens zeigen, daß sich die großen Interessensunterschiede zwischen Mädchen und Jungen zur (angestrebten) Angleichung der Mädchen an die der Jungen aufgelöst hätten.

Aber, ach, ach, selbst der „Spiegel" resümiert in seiner Titelgeschichte in Nr. 19 vom 6.5.1996: „Der gemeinsame Unterricht von Jungen und Mädchen in allen Fächern hat sich als Fehlschlag erwiesen." – Die Idee der Reformierer sei „einer der größten pädagogischen Irrtümer der letzten Jahrzehnte"; denn befremdlicherweise würde trotz aller so heftigen Bemühungen in Lehrplänen und Lehrertendenzen das Klassenziel, eine gleiche Interessenslage bei Schülern und Schülerinnen, nicht im mindesten erreicht. Nach wie vor dominieren die Mädchen in den neuen Sprachen, in der Muttersprache Deutsch, in Pädagogik, Sozialwissenschaft und Psychologie, und sie sind in technischen Hochschulen nur mit Prozentsätzen von 3,7 bis 4,5 % zu finden – und das, nachdem sie doch mehrheitlich 13 Jahre lang einem coedukativen Unterricht ausgesetzt waren.

In der Tat ein eklatanter Mißerfolg bei dem Großversuch, die Hirne der Mädchen denen von Männern anzugleichen! Bedroht wird das ideologische Konzept zusätzlich durch die Fortschritte in der Hirn- und Hormonforschung.

Das Aufkeimen von Wahrheit durch Forschungsergebnisse, die den großen angeborenen Geschlechtsunterschied von Männern und Frauen ins Blickfeld rücken, kann aber in einem von einer ideologischen Lüge besetzten Terrain nicht einfach so hingenommen werden. Es muß zumindest der Versuch gemacht werden, aus dem X ein U zu machen: Das Negativergebnis der Coedukation beweise, daß die Männer weiterhin die Frauen – eben auch bereits die kleinen Buben die Mädchen – daran hindern, endlich zur Entfaltung ihrer an sich doch gleichen Struktur zu kommen. Sie seien allemal Unterdrücker, diese Männer, rüpelhafte Schläger, machtgierige Chauvis und selbst die (doch eigentlich schon recht ideologisch informierten) Lehrer ließen es nicht daran fehlen, die Knaben zu bevorteilen und die Mädchen zu benachteiligen.

Dies sei die Ursache des coedukativen Flops, dies habe es bewirkt, daß sich das „Rollenklischee" nicht habe auflösen lassen und daß die armen kleinen Mädchen resigniert die Naturwissenschaften bereits im Kurssystem der Oberschulen mehrheitlich abwählen – unterdrückt wie sie nun einmal seien. Klar: Das müsse wieder aufhören, dieses System zur Verfestigung von „Vorurteilen" über eine Andersartigkeit des weiblichen Geschlechts, die – so wähnt die Ideologie – in Wirklichkeit gar nicht vorhanden sei.

Fortschrittlich wie unser Trend nun einmal ist, schreitet er deshalb fort zum Ruf nach der reinen Mädchenschule, die freilich anscheinend immer noch nicht das Ziel haben darf, bei den Mädchen die Ausgestaltung ihrer besonderen Begabungen zu fördern, sondern die nun – ohne die gewalttätige Konkurrenz mit den kleinen Männern – bewirken soll, daß die Mädchen endlich den Mut fassen, sich für das dominant zu interessieren, was Männer dominant interessiert, z.B. für Mathematik und Physik.

Das hat in der Tendenz freilich immer noch wenig mit Wahrheit zu tun; aber da Gott auch auf krummen Zeilen gerade schreibt, läßt sich doch hoffen, daß man durch die Rückkehr zu einem getrennten System dennoch den Mädchen (und auch den Jungen!) dabei schließlich doch besser gerecht wird. Wir haben in den wenigen privaten reinen Mädchen- und Knabenschulen und ihren sehr viel besseren Lernergebnissen eine Vergleichsmöglichkeit. Der Abiturschnitt liegt dort meist höher als bei Koedukationsschulen – besonders auf den so vielge-

schmähten katholischen Mädchenschulen, den wenigen privaten, die tapfer der ideologischen Dampfwalze, oft durch viel
private Einsatzbereitschaft, widerstehen konnten. Aber auch
die wenigen privaten Knabengymnasien konnten sich häufig
mit einem hohen Leistungsniveau bewähren.

Das läßt deutlich werden, daß auch die neu hochbrandende
Behauptung, Coedukation schüre nachhaltig eine einseitige
Benachteiligung der Frau, abermals ein ideologischer Wunsch-
traum ist, mitnichten aber der Wirklichkeit entspricht. Auch
die Knaben werden durch zuviel feminine Anteile in einem
Klassenverband benachteiligt: Denn schließlich sind sie selten
von der gleichen eloquenten Redegewandtheit wie die
Mädchen – und so resignieren deshalb oft gerade die introver-
tierten hochintelligenten unter ihnen im mündlichen Unterricht. Die Mädchen liegen vorn beim Diskutieren, sie halten
meist besser zusammen und bilden eine dominante Lobby gegen die männlichen Klassenkameraden. Sie sind meist auch
durchgängig fleißiger und sind deshalb beim Zensurensoll erfolgreicher. Nicht umsonst hat sich das Geschlechterverhältnis
im deutschen Abitur in den letzten zwanzig Jahren verändert
auf 54 % zu 46 % zugunsten der Mädchen.

Die Wahrheit liegt also nicht darin, daß durch Coedukation
unverbesserlicherweise ein „Rollenklischee" verfestigt wurde,
sondern daß sich an diesem Großversuch einmal mehr exem-
plifizierte, daß das Gesamtergebnis sich grundsätzlich verschlechtert, wenn man Ungleiches in einen Topf wirft bzw.
über einen Kamm zu scheren sucht. Es wird so grundsätzlich
neue Unangemessenheit für beide Gruppen geboren, weil die
Beschneidung von vorgegebener Gestalt gewaltsamen Eingriff
bedeutet.

Nicht ein neues, abermals auf falschen Voraussetzungen auf-
gebautes Projekt kann uns deshalb zum Heil dienen, sondern
zunächst einmal die Einsicht in die ideologische Ursache dieses
Riesenirrtums, um dann auf dem Boden von Wahrheit realistische und dann auch gewiß gedeihliche Konzepte für die Schul-

wirklichkeit zu entwerfen. Schließlich kommt es ja nicht nur darauf an, sich den Marx aus dem Fell zu holen, der sich doch nun allmählich ganz gewiß als hochgefährlich falsch erwiesen hat, es geht doch vor allem um unsere so große Verantwortung für die kostbar kleingewordene Gruppe unserer Kinder und Jugendlichen, die ein Recht darauf haben, so erzogen zu werden, wie es ihrer Wesenheit entspricht; denn nur mit Rücksicht darauf läßt sich schließlich auf eine gedeihliche Zukunft für alle hoffen!

Frauenfrage ungelöst

Bei den vielen Diskussionen um unsere Wirtschaftskrise werden manche Ursachen aufgezählt: die zu hohen Lohn-Nebenkosten, der Mißbrauch der Sozialhilfe, die Anspruchshaltung der Bürger, die arbeitsplatzmindernden neuen Technologien, das „Besitzstandsdenken" der Unternehmer und anderes mehr.

Aber es gibt eine weitere gewichtige Ursache, ein geradezu wunder Punkt, der nie je auch nur zur Diskussion gestellt wird. Und zwar ist der so wund, daß kein Politiker es je in der Öffentlichkeit wagen kann, ihn anzusprechen: den Zusammenhang zwischen der überhohen Staatsverschuldung, der Arbeitslosigkeit und dem viel zu hohen Krankheitsstand in der jungen Generation mit der fortschreitenden Entmutterung unserer Gesellschaft in den vergangenen 30 Jahren.

Am Anfang stand die Entwertung der Hausfrauenrolle, als Folge davon die Abtreibungserleichterung, der Geburtenschwund, die Unumgänglichkeit und Höherbewertung der kontinuierlichen Berufstätigkeit der Frau, auch der jungen Familienmutter, und dadurch das Entstehen eines Mißverhältnisses zwischen Arbeitsplatzbedarf und vorhandenen Arbeitsplätzen. Unbezahlte Familienarbeit von Müttern für ihre Kinder und alte Angehörige wurde immer seltener. Dadurch entstand die Notwendigkeit staatlicher Altenpflege; aber nicht nur sie überlastete das Staatssäckel: Auch der Mißbrauch der Sozialhilfe im Arbeitslosenfall wurde immer häufiger, besonders oft dadurch, daß manche Mütter, die durch häusliche Pflichten mehr als gefordert waren, sich geschickt dagegen sträubten, erneut in den Arbeitsprozeß eingegliedert zu werden.

Darüber hinaus wirkte sich aber auch die kontinuierliche außerhäusliche Berufstätigkeit bei jungen Müttern auf die Dauer schwer negativ aus. Immer mehr unzureichend betreute Kinder wurden seelisch krank, erhebliche Potentiale davon süchtig, so daß die Krankenkassen und die Sozialhilfe abermals auch dadurch im Übermaß belastet wurde. Zusätzlich verursachte die sich steigernde Kriminalität junger Menschen beträchtliche Kosten.

Die Gruppe junger leistungsfähiger Arbeitskräfte droht auf diese Weise zu gering zu werden, um den defekt gewordenen Karren der Bundesrepublik in der Zukunft durchziehen zu können – die bittere Frucht einer Politik, die die Gewichtigkeit des Mutterberufs in einer unzulässigen Weise zu unterschätzen wagte.

In einem Interview hat das jüngst Dr. Allan Carlson, langjähriger Berater des Research Institutes for the Family (USA) anhand des wirtschaftlich und mentalen Niedergangs Schwedens auf den Punkt gebracht: Die Unabhängigkeit der einzelnen Frau von traditionellen Familienbanden sei durch den Preis einer allgemeinen Abhängigkeit vom Staat erkauft worden. Die immense Staatsverschuldung sei dadurch zwangsläufig hervorgerufen worden.

Dr. Carlson schildert diese Zusammenhänge an einem Zahlenbeispiel aus Dänemark: „Die Anzahl der Hausfrauen in diesem Land nahm zwischen 1960 und 1981 um 579.000 Frauen ab. Im gleichen Zeitraum stieg die Zahl der im öffentlichen Dienst Beschäftigten um 532.000. Interessanterweise findet man zwei Drittel der Zunahme in lediglich drei Bereichen: in Kindertagesstätten und Altersheimen (25 %), in Krankenhäusern (12 %) und im Bildungswesen (27 %). Wenn man sich diese Zahlen vor Augen führt, zeigt sich ein Prozeß, bei dem die Frauen ihre Aufgabe der Kindererziehung und der Altenpflege zugunsten einer Anstellung beim Staat – für dieselben Aufgaben – eintauschten. Dies jedoch mit dem Unterschied, daß sie diese Aufgaben weniger effizient ausführen können, weil sie nicht den besonderen Zugang wie zu Familienmitgliedern haben.

Als rationales oder „nutzenmaximierendes" Wesen strebt der moderne Bürger danach, seine Steuern zu verringern und seine Beihilfemöglichkeiten so weit als möglich auszunutzen. Die Lücke zwischen dem Einkommen des Staates und seinen Ausgaben wächst daher ständig. Sie ist erklärbar durch den Zwang der Politiker, in einer auf der öffentlichen Meinung basierenden repräsentativen Demokratie Versprechungen machen zu müssen, die haushaltspolitisch nicht tragbar sind. Als Ergebnis wachsen die Staatsanleihen, weil dies die einzig realisierbare, kurzfristige Antwort darauf ist.

Konkret heißt das z.B.: Im Jahre 1970 hatte Schweden keine signifikanten öffentlichen Schulden. Im Jahr 1992 war Schwedens Haushaltsdefizit pro Kopf etwa dreimal so hoch wie das der Vereinigten Staaten. ... Nicht aufgrund eines Kriegs oder Notfalls, sondern nur, um die Versprechungen des Sozialstaates einzuhalten. ... Im Jahr 1990 überstiegen in Schweden die Zinsen für öffentliche Schulden die Ausgaben für Familienunterstützung und Kinderpflege, für Gesundheitskosten und Renten. In Dänemark betrugen schon vor 12 Jahren die Zinsen für öffentliche Schulden das Doppelte dessen, was für Altersrente und Pflegemaßnahmen ausgegeben wurde, und sie betrugen zehnmal soviel wie die Aufwendungen für Zahlungen der öffentlichen Wohlfahrt.

Diese Probleme sind normaler parlamentarisch-politischer Korrektur nicht ohne weiteres zugänglich. ... Ist die Struktur erst einmal eingeführt, gibt es keine Reform, die diese Probleme aufheben könnte; es gibt nur einige, die ihre Auswirkungen verlangsamen können, bevor es zum völligen Kollaps kommt."

Im Grunde lag also vieles daran, daß eine mehr als hypertrophe Ideologie, die „Benachteiligung" der Frau durch ihre Entmutterung zu beseitigen, die Szene zu beherrschen begann und daran hinderte, die Frauenfrage wirklich zu Ende zu denken. Aber gäbe es nicht doch eine Möglichkeit, den drohenden Kollaps aufzuhalten?

Gewiß nicht wieder rückgängig zu machen (weil es Rückschritt bedeuten würde) ist die so berechtigte, vor mehr als 100 Jahren einsetzende Frauenemanzipation. Zwei Grundbedingungen sind dabei noch nicht ausreichend beachtet worden. Erstens: der berechtigte Anspruch der Frau auf Anerkennung der Hochwertigkeit ihrer Familientätigkeit, und zweitens: das daraus abzuleitende Recht auf finanzielle Unabhängigkeit.

Die geistigen Kräfte der Frauen könnten sich z. B. in der Ausbildung zur Mutterschaft als einem Beruf mit Rentenanspruch verwirklichen lassen. Viele Teufelskreise, die jetzt den Staatskollaps am Horizont auftauchen lassen, ließen sich durch eine entschlossene Kehrtwende vielleicht noch stoppen. Ein solches Programm zur Sanierung der Familie ist bereits vor 13 Jahren durch meinen Freundeskreis der Bundesregierung vorgelegt worden. Dieses Programm schlägt außer der Ausbildung der Frauen zum Mutterberuf, ein Gehalt während ihrer Familientätigkeit und einen eigenständigen Rentenanspruch sowie die Wiedereingliederung der Mütter in familiennahe Berufe nach der Familienphase vor.

Eine solche Regelung hätte viele Vorteile:

1. Es würden sich mehr Frauen im jungen Alter zur Mutterschaft entschließen, statt den Abschluß langjähriger anderer Berufsausbildungen anzustreben und schließlich – wie heute häufig – den Plan einer Familiengründung gänzlich aufzugeben, ihn gewissermaßen zu verpassen, oder – bei einer Entscheidung zur Familie – keine Möglichkeit zum Wiedereinstieg in den Beruf zu finden, so daß Kraft und Geld sich letztlich als vergeudet erweisen.

2. Die Arbeitslosigkeit könnte so erheblich gemindert werden.

3. Das Rentenloch würde durch Sanierung der Geburtenzahlen verkleinert werden.

4. Junge Mütter mit kleinen Kindern könnten durch Praktika junger Mädchen während deren Ausbildung zum Mutterberuf der so gefährlichen, zur Kinderfeindlichkeit führenden Überforderung entgehen.

5. Es könnte Beratung, Begleitung, Betreuung von jungen Müttern bei ihrer Erziehungstätigkeit stattfinden, so daß die schweren Neurosenbildungen eingeschränkt werden könnten und mehr seelisch gesunde Arbeitskräfte heranwachsen würden.

Wie wichtig wäre es, daß gerade die europäischen Sozialstaaten sich zu echten Wohlfahrtsgesellschaften mausern würden!

Nicht ausbildungsfähige Jugend

Einem Großteil jugendlicher Schulabgänger habe kein Ausbildungsplatz zur Verfügung gestellt werden können – als Anklage an die Betriebe und Unternehmer geht diese Meldung durch unsere Medien; aber erst der Altbundeskanzler Kohl gab in seiner großen Rede zur Haushaltsdebatte in der Plenarsitzung des Bundestags am 10. September 1997 eine andere Information: Nicht eigentlich am Arbeitsplatzmangel läge dies, sondern einerseits an einer Fehlorganisation und andererseits daran, daß zehn Prozent der Hauptschulabgänger nämlich gar nicht ausbildungs*fähig* sei! Der Altkanzler klagte deshalb im selben Atemzug die Schulen und damit die Kultusminister der Länder an, hier an der Jugend zu versagen, und ermahnte dringend zum Überwinden einer derartigen Schulkrise.

Nun besteht darüber sicher kein Zweifel, daß eine Reform

der Hauptschule dringend angezeigt wäre; denn dort befindet sich eine Vielzahl verhaltensgestörter und mehr oder weniger leicht behinderter junger Menschen. Gewiß ist es nötig, für sie eine Umgestaltung der Schule zu planen, und zwar durch Ganztagsbetreuung, damit die meist wenig Beaufsichtigten nicht bereits nachmittags ins Streunen oder ins Dauerfernsehen geraten; denn unter ihnen befinden sich viele kaum durch Eltern beaufsichtige Kinder und Jugendliche. Es wäre deshalb sinnvoll, gerade sie bereits in der Schulzeit sportlich und handwerklich auszurichten und – geduldig ihre Leistungsschwäche berücksichtigend – berufliche Vorbereitung und Motivation dafür anzustreben.

Aber allein sollte der Schule unsere Regierung den schwarzen Peter für die Misere nicht zuschieben; denn sie ist zu großen Teilen durch zwei gravierende Versäumnisse hausgemacht: erstens durch eine unzureichend gebliebene Familienpolitik, und zweitens durch unzureichende schutzgebende Maßnahmen für die Jugendlichen. Eine erhebliche Gruppierung der Nicht-Ausbildungsfähigen ist nämlich suchtkrank, d.h. alkoholabhängig, Hasch-, Heroin- oder neuerdings auch bereits Ecstasy-süchtig.

Das sollte die Regierung endlich alarmieren! Tut sie genug, um zu verhindern, daß sich die Jugendlichen auf den Techno-Parties mit den ihre Hirne zerstörenden Giften vollpumpen? Werden hier die entsprechenden schutzgebenden Kontrollen und Genehmigungsverweigerungen durchgeführt? Die Eltern sind diesem durch sogenannte „Jugendzeitungen" verbreiteten Sog allein ganz gewiß nicht gewachsen. Tut die Regierung genug, um bei den sich potenzierenden räuberischen und gewalttätigen Kids den Anfängen zu wehren durch arbeitstherapeutische, ja, auch nur durch hinreichende registrierende Maßnahmen, um Schlimmerem vorzubeugen und die Bevölkerung vor der immer größer werdenden Unsicherheit zu beschützen?

Gewiß mag ein Teil der Nicht-Ausbildungsfähigen daraus rekrutieren, daß durch die immer noch zunehmende Tüchtigkeit der Medizin mehr vorgeburtliche oder unter der Geburt behinderte Kinder ihren gefährdeten Lebensstart überleben und heranwachsen; aber das Hauptpotential ist in der Gruppe der von Kindheit an unzureichend betreuten Kinder zu suchen – Opfer einer Gesellschaft, die Familientätigkeit der Eltern, die vor allem den Einsatz der Mütter seit ca. 30 Jahren als mehr oder weniger unnötig weit hintanstellt vor der gewissermaßen zur Pflicht erhobenen Berufstätigkeit selbst der jungen Mütter mit Kindern.

Zwar war die Einführung des Babyjahres durch die CDU-Regierung ein Schritt in die richtige Richtung; das reichte aber nicht im mindesten aus, um einer fulminanten Schwächung der Leistungsfähigkeit der jungen Generation mit dem nötigen Gewicht vorzubeugen... Jetzt hat amerikanische Hirnforschung es jüngst einmal mehr bewiesen: Leistungsfähigkeit im Erwachsenenalter hat ihre Voraussetzung in positiven emotionalen Erfahrungen im Kindesalter.

Nun ist die Misere da, und die Zahl der unzureichend Ausbildungsfähigen wirft ein trauriges Licht auf eine der tieferen Ursachen des Boomens der Arbeitslosigkeit: denn unter den Langzeit-Arbeitslosen sind nicht umsonst viele Frauen, die ohne den Umweg „Verlust des Arbeitsplatzes" vermutlich sogar gern im Pflichtenbereich der Familie geblieben wären, wenn man ihnen dafür eine persönliche finanzielle Absicherung und eine angemessene Anerkennung als Tribut der Gesellschaft für die so wertvolle Erziehungstätigkeit an den Kindern angeboten hätte.

In den langen Jahren der SPD/FDP-Regierungskoalition von 1969 bis 1982 war davon aber nicht nur nichts zu erkennen, im Gegenteil: Die an sich sinnvolle, berechtigte Frauenemanzipation wurde zur Maßlosigkeit ausgeweitet, indem auch die jungen Mütter mit Kindern in die Berufstätigkeit genötigt wurden, ja, indem allgemein einer Familienfeindlichkeit das Wort geredet wurde. Im Zweiten Familienbericht läßt sich nachlesen, daß die Familie „aufzubrechen" sei.

Ja, die Frau Ministerin Focke begrüßte damals geradezu jubelnd den durch weitgehende Legalisierung der Abtreibung hervorgerufenen, sich nun rasant steigernden Geburtenschwund, der – so der ehemalige Bundeskanzler Kohl am 10. 9. 97 – jetzt dazu führen wird, daß wir ab dem Jahr 2005 ein Übermaß an Lehrstellen, aber kaum noch junge Menschen dafür haben werden. Zu wenig auf der ganzen Linie gewiß – so läßt sich hinzufügen –, um deren Eltern und Großeltern einst deren Renten erarbeiten zu können...

Aber die entsprechenden Reformen hätten dann in den 16 Jahren der CDU-Regierung stattfinden müssen. Eine ruckartige Einsicht in sehr später Stunde ist jetzt also dringend nötig; denn erst wenn es im eigenen Haus stimmt, kann ein Überschuß an Kraft entstehen, der es dauerhaft ermöglicht, auch jenseits des eigenen Terrains wirkungsvoll als der reiche Onkel aus Mitteleuropa im Welttheater aufzutreten.

Teuer bezahlter Fortschritt

Zur Toleranz gegen ihre mitstudierenden Partnerinnen waren damals die Männer, zur Befreiung aus dem alten Rollenklischee die Frauen angehalten worden – in der Akademikergeneration der Nachkriegsjahre. Für das Kind blieb in diesem Konzept wenig Lobby übrig. Die Wahrnehmung seiner Interessen – bisher vertreten durch einfühlsame Eltern – schwand mehr und mehr dahin. Die Pädagoginnen, Juristinnen, Psychologinnen und Ärztinnen, die die deutschen Universitäten zwischen 1960 und 1975 entließen, stehen heute vor den Ergebnissen dessen, was sich da bei den Kindern – so neben ihnen herlaufend und mit in ihren strammen Organisationsplan eingewoben – jenseits der Pubertät entwickelt hat: Häufig sind das Jungbürger, die ihren Eltern mit seelischer Ferne heimzahlen, was die emanzipierten Mütter ihnen an Zeit und personaler Mühewaltung vorenthielten.

Aus ungezählten Familien kommen nun Rufe nach Hilfe. Es sind meist Angehörige jener Generation, die mir als junge Mütter mit Abscheu vor meinen „reaktionären" Warnungen noch entgegengerufen hatten: „Es geht, es geht – man kann das schaffen: Familie, Kinder und gleichzeitig Beruf! Sie sehen ja: Die Kinder sind quicklebendig, sie sind dick und rund, frech und gesund – es geht, es geht!"

Aber jenseits der 16jährigkeit ihrer Kinder verstummt häufig diese Gewißheit. Die Quittung wird serviert, der Preis der Entnestung setzt ein und wird in barer Münze eingefordert: durch manches Elend nicht spurender, haschender, kiffender, leistungsversagender Jugendlicher, teuer bezahlt durch finanziell schwer belastete Familien, durch Ärger, Zerwürfnisse und Sorgen, oft über Jahre. Lang ist mittlerweile der Zug der Edel-Chlochards geworden, der aus dem prächtigen Wohlstandsbürgertum, aus den doppelverdienenden Akademikerfamilien hervorgegangen ist.

Kürzlich hielt ein Abiturjahrgang 1967 zum 30. Abiturjubiläum Klassentag. Alle acht Damen hatten studiert, geheiratet, Kinder in die Welt gesetzt und waren gleichzeitig allesamt berufstätig geblieben. Aber bei vielen war der Start der Kinder in die selbständige Existenz bisher nicht geglückt. Die meisten waren voll beklommener Sorge um jene Kinder, die bereits den Status des jungen Erwachsenseins erreicht hatten.

Eine Kinderärztin berichtete in schonungsloser Selbstanklage: „Unsere Älteste ging in die sexuelle Verwahrlosung. Sie hat die Verbindung mit uns gänzlich aufgegeben. Wir wissen überhaupt nicht, ob sie noch lebt. Unser Sohn studiert zwar nominell, aber er tut kaum etwas, um seinen Abschluß zu erreichen, und ist dauernd in psychotherapeutischer Behandlung, weil er unter Depressionen leidet. Unsere jüngere Tochter hat zwar auch noch auf einem Internat Abitur gemacht – stromert aber seitdem durch die Welt zwischen Canada und Griechenland, ohne sich um eine Berufsausbildung zu kümmern. Unser Jüngster ist 16jährig vor kurzem nach einer durchzechten Disco-

nacht mit Freunden im Auto ums Leben gekommen. – Irgend-
eine Erfolgsmeldung habe ich nicht zu verzeichnen, damit bin
ich absolut auf Null", resümiert sie mit zersorgtem Gesicht.

Das Elend ist besonders tragisch für diese Personengruppe;
denn sie war schließlich durch ihren Fleiß, durch ihr konzen-
triertes Hören und Lernen noch sehr bewußt aus dem Status
der „selbstverschuldeten Unmündigkeit" mit besonderem Elan
herausgetreten. Und niemand hatte sie in den Institutionen, in
den Schulen und Universitäten, die sie besuchten, selbst in den
einschlägigen Studien nicht, über die Grundvoraussetzungen
einer seelisch gesunden Entwicklung von Kindern unterrichtet.
Niemand hatte ihnen – wie jeder Gärtner während seiner Ausbildung im Hinblick auf die Pflanzen, die er zu betreuen hat –
während ihres Studiums hinreichende Kenntnis über die Entfaltungsbedingungen der Art Mensch geliefert. Niemand der
etablierten Dozenten hatte sie vor den Hauptgefahren seelischer Fehlentwicklungen gewarnt.

Gerade diese Täuschung – die im Grunde berechtigte Vorstellung, das entscheidende Wissen über das Kind auf der Universität erworben zu haben – hatte sie gegen das reaktionäre
Gemecker von Schwiegermüttern und Müttern immun gemacht und sie davon überzeugt, daß es in der neuen Zeit möglich sei, Kinder in einer anderen Form zu halten als die Alten.
Gerade die ihnen oft vermittelte ideologische Auswahl an
pädagogischem Wissen machte sie zu Avantgardisten der
Emanzipation aus der „Falle Mutterschaft", ließ sie zu eifrigen
Multiplikatoren ihres eigenen Weges werden, auf welchem
Feld auch sie werdende oder junge Mütter zu beraten hatten:
als Ärztinnen, Lehrerinnen oder Sozialarbeiterinnen.

Symptome einsetzender Schädigung wurden hartnäckig
überhört und verdrängt. Forschung, die ihre Bilanzen aus der
Beobachtung und Erfahrung gewinnt, und Möglichkeiten zum
Forschungsfortschritt auf diesem Gebiet wurden so über drei
Jahrzehnte blockiert.

Dabei darf gewiß nicht übersehen werden, daß nicht etwa die

Berufstätigkeit der Mütter allein heute Kinder in die Irre führt – dieser eine Faktor war meist nur unter anderen lediglich ein gewichtiger Teil, der sie besonders anfällig machte für negative Einflüsse, z. B. durch die elektronischen Medien, so daß die Regeneration schwerer Schäden aus den ersten Lebenswochen im Laufe der späten Kindheit nicht zustande kam und stattdessen zusätzlich falsche Weichen gestellt wurden.

Es ist mit unserem modernen Seelenelend ähnlich wie mit unseren neuen Umweltproblemen: Erst durch die Überhäufung der Flüsse und der Luft mit Schadstoffen kommt es zum „Kippen", erst durch eine unverträgliche Summierung schwächender Einflüsse entsteht schließlich auch bei den Menschenkindern eine derartige Minderung, daß der Start in die selbständige Existenz mißlingt.

Jetzt bestätigt endlich sogar die Hirnforschung, wie wichtig es für eine gesunde geistige Entwicklung ist, die natürlichen Entfaltungsbedingungen zu beachten. Ob wir wohl endlich jetzt reif genug geklopft sind, um das Denkverbot aufzulösen, daß ohne Mütter keine Zukunft zu haben ist? Haben jetzt nicht vielleicht auch endlich Politiker den Mut, den Zusammenhang zwischen Rentenlöchern, Arbeitslosigkeit und dem Unbezahlbar-Werden der Krankenkosten und den vielen psychischen Geschwächtheiten der jungen Generation zu benennen? Denn nur wenn es gewagt wird, diese negativen Entwicklungen auf den Tisch zu bringen, wird es uns möglich werden, aus einem selbstmörderischen ideologischen Zauberberg auszubrechen.

Religionsunterricht im Abwind

Als Kopffach ist Religion nicht nur aus den Zeugnissen unserer Kinder entschwunden, sie hat – und dafür stand diese Anordnung – ihre Priorität im staatlichen Schulbereich eingebüßt. Den Kindern zu vermitteln, daß ein Leben in einer Verbindung mit Gott erfülltes Leben ist und gedeihliche Zukunft erbringt, gilt lange schon nicht mehr als das höchste Klassenziel jeglicher Bildungsarbeit. Religion ist zu einem unbedeutenden Nebenfach abgesunken.

Ja, die ganz sogenannten „fortschrittlichen" Länder haben Religion nun auch bereits als Schulfach abgeschafft – wie die stramm nationalsozialistischen Länder im Dritten Reich ab 1936 auch – und durch LER ersetzt. Aber fast schlimmer noch als dieses Menetekel – ausgerechnet im traditionsreich-lutherischen Brandenburg – ist der seit Jahrzehnten in unseren staatlichen Schulen veränderte Religionsunterricht.

Zwar mag auf diesem Feld – nicht nur in den christlichen Privatschulen, sondern gelegentlich auch in den Staatsschulen – durch den einen oder anderen tapferen, frommen, weisen Religionslehrer noch der christliche Glaube als Weg und Wahrheit vermittelt werden; aber im allgemeinen ist die Szene, vor allem durch Entmythologisiertes, Rationalistisches, auf der Universität Gelerntes fortgesetzt verwüstet worden. Da wird oberflächliche Kenntnis über die Weltreligionen vermittelt und es werden alle mit dem Mäntelchen der gleichen Gültigkeit versehen, bis den suchenden Jugendlichen das ganze Gebiet gleichgültig geworden ist. Da wird die Bibel feministisch umgedeutet, da wird gar unterstellt, daß sie das Ergebnis freier Dichtung sei oder lediglich Mythos, geschichtlich verbrämte Volkssage, da fühlt man sich berufen, die geschichtliche Glaubwürdigkeit des übernatürlichen Charakters in den Tatsachen von Jesu Leben in Frage zu stellen, ja, kurzweg in häretischer Anmaßung zu streichen.

Über eine schleswig-holsteinische Religionslehrerin wurde folgendes berichtet: Nach dem Osterfest wurde in einer Grundschule am folgenden Tag von einer Schülerin die Frage nach der Bedeutung des Osterfestes gestellt; denn: „Einige gehen da in die Kirche, weil Jesus Ostern von den Toten auferstanden sei", hätte sie gehört. Die Religionslehrerin erwiderte wörtlich: „Nun, das wissen wir heute besser. Die Freunde von

Jesus waren so traurig darüber, daß man ihn gekreuzigt hatte, daß sie sich schließlich ausgedacht haben, er sei auferstanden." – Eine andere 7jährige allerdings meldete sich daraufhin und sagte tapfer: „Aber das kann nicht stimmen – bei den Großeltern in Hannover, da war er wirklich auferstanden!"

Freilich, das endete mit lautem Gelächter der Mitschüler über einen solchen von der Lehrerin unterstützten „Baby-Quatsch"!

Wäre es nicht besser, unsere Kinder wüchsen ohne schulische Glaubensunterweisung auf, als im Religionsunterricht einem Trommelfeuer des Unglaubens, ja, oft sogar der Glaubensverhöhnung ausgesetzt zu sein? Es läßt sich erleben, daß Jugendliche im Religionsunterricht der 12. Klasse des Gymnasiums ein ganzes Jahr lang mit Feuerbach, Marx, Engels und Lenin gefüttert werden und sie diese Ideologie als eine Art Evangelium (besonders in den Clausuren, die für das Abitur nötig sind) zu vertreten haben, wenn sie auf einen guten Abiturdurchschnitt als Eintrittspforte zur Hochschule hoffen wollen. Es läßt sich in positiv bewerteten Abiturarbeiten im Fach Religion lesen, wie negativ der Einfluß der Kirchen sich auf die geschichtliche Entwicklung ausgewirkt hat. Wieviel verheerender als nichts ist dergleichen Unterweisung für unsere Jugend!

Die sogenannte rationalistische Richtung hat im Verlauf unseres Jahrhunderts die überwiegende Mehrzahl der Theologieprofessoren auf ihre Seite gezogen. Der „verkopfte" Mensch erblindete für das Mysterium der Wahrheit durch die Anwendung von soviel Sextanerlogik, so daß von dort die Irrlehren massenhaft in die Schulen einzudringen vermochten. Die Grundpfeiler des Christentums, die Gottheit Jesu und sein Erlösungswerk, sind von vielen Hochschullehrern preisgegeben worden. Die Offenlegung von Gottes Wesenheit, als den den einzelnen persönlich liebenden Vater und als dem Herrn über Leben und Tod, und damit gewiß auch über die Natur, der das gerade dadurch erkennbar macht, daß in Jesu Leben von Anfang bis Ende deshalb die Naturgesetze außer Kraft gesetzt werden, hat in den rationalistisch-eingeengten Gehirnen keinen Platz mehr. Das ließe sich ertragen, wenn nicht durch die Verfälschung und Verstümmelung der Lehre soviel Unheil in den Köpfen und Herzen der Kinder angerichtet würde.

Papst Johannes Paul hat deshalb den Christen zugerufen:

„Es geht nicht darum, das Glaubensgut zu modifizieren, die Wahrheit an den Zeitgeschmack anzupassen, bestimmte Artikel aus dem Credo zu streichen mit der falschen Vorgabe, sie würden heute nicht mehr verstanden. Die von Gott gewollte Einheit kann nur in der gemeinsamen Zustimmung zur Unversehrtheit des Inhalts des geoffenbarten Glaubens Wirklichkeit werden. Was den Glauben betrifft, steht der Kompromiß im Widerspruch zu Gott... – Der Anspruch der Wahrheit muß vielmehr bis auf den Grund gehen!"

Aber wer es heute wagt, von diesem „Anspruch der Wahrheit" zu sprechen, der erntet massiven Widerstand; er wird verhöhnt und womöglich sogar aus seinen Ämtern herausgedrängt. Wer nicht „plural" ist, und d. h., wer nicht auf eine verschwommene All-Einheit setzt, der gilt eher als einer von vorgestern. Eine solche Ausgrenzung freilich könnte überzeugten Christen gelassen zur Ehre gereichen, wenn dadurch nicht gefährlich viele Möglichkeiten verloren gingen, die junge Generation überhaupt noch zu erreichen.

Ja zum Mann – aber lebenslänglich

Heutzutage ein Mann zu sein, das ist gewiß kein Zuckerschlecken mehr. Was für selige Zeiten waren das doch für die Herren der Schöpfung, als man noch den großmächtigen, streng bis gnädigen Familienvater spielen konnte! Als man heimkommend von den Seinen umgurrt und umdient wurde, von der „züchtigen Hausfrau" ebenso wie von den ehrerbietigen Nachkommen. Das ist ein für allemal aus und vorbei. Wenn man heute als Familienvater heimkommt, hat man

Glück, wenn man überhaupt von irgendwem empfangen wird, und wenn, dann meistens, um schnellstens zur Hausmann-Tätigkeit in Trab gesetzt zu werden. Klar, daß die ganz Klugen gleich Singles bleiben oder seufzend in diesen Status zurückkehren.

Aber selbst die Neuheit der „Lebensgefährtin" hat sich immer seltener als Weg zum heiß ersehnten Frieden erwiesen. Legt der Mann der Moderne etwas Ehrgeiz an den Tag und erwählt sich einen Beruf, bei dem Überstunden unumgänglich sind, muß er sich darauf einstellen, allenfalls Anspruch auf „Monatsgefährtinnen" geltend machen zu können; denn ob es sich nun um Gefährtenschaft mit Boris Becker, Udo Jürgens oder Kanzler Schröder handelt: Immer fragt die Regenbogenpresse binnen kurzem: „Mädchen – wie hältst du das aus? Wieviel Zeit bringt dieser Mann für dich auf?"

Das kann man sich als Frau schnell zu eigen machen, auch, wenn man sich im Alt-Status der echt Angetrauten befindet, und selbst, wenn der eigene Ehemann weder Film- noch Sportsheld noch Staatsmann, sondern nur Abteilungsleiter oder Kommunalpolitiker ist. Das Resultat aber ist das immer gleiche: „Klar ersichtlich, er hat für mich einfach nicht genug Zeit!" Die Frau ist eben letztlich doch ausgebeutet, vernachlässigt, benachteiligt! Aber schließlich hat man es heute nicht mehr nötig, sich das gefallen zu lassen. Schluß, aus! Man weist ihm die Tür, dem unverbesserlichen Chauvi! Der Sieg der Alice Schwarzer ist durchschlagend.

Allein ein Häuflein von Altbackenen widersteht diesem Trend. Diejenigen sind das, die das Leben trotz allem mit Vatern durchstehen bis zum letzten Arbeitstag, mit und ohne Schmoll-Lippe über diesen ewig mit anderen Dingen, nur nicht ausreichend mit Muttern beschäftigten Mann. Und dann ist es endlich da, das ersehnte Rentenalter. Da ist er nun wirklich immer zu Hause, von morgens bis abends. Hat man allerdings in dieser angespannten Situation einmal eine Ruhepause und schlägt die Gazetten auf, so läßt sich nun aber lesen, wie unzumutbar für die moderne Frau das ist – einen alternden Mann den ganzen Tag zu Hause zu haben!

Wir Westdeutschen haben jahrzehntelang in Frieden und schließlich sogar in Wohlstand leben dürfen. Aber ein geradezu diabolischer Trend hat sich daran gemacht, uns diese gute Suppe nach Kräften zu versalzen. Unter anderem wurden wir Frauen zu penetranter Unzufriedenheit geradezu aufgereizt. Uns wurde der Anspruch auf ein Super-Mannsbild vorgegaukelt, obgleich es das nicht gibt, und schon ganz und gar nicht jenseits von Eden, wo das Brot zwischen Dornen und Disteln verdient sein will. Man hat uns Evas gegen den gewiß immer unzureichenden Adam aufgehetzt: mit Scheidungs- und Liebesqual, Vereinsamung und zerrütteter seelischer Verwundung, mit Scheidungswaisen-Unglück und Kinderschwund.

Wir sollten endlich daraus klug werden, die Versucher abweisen und statt auf anmaßenden Anspruch auf die Liebe setzen, auf die, die nicht fordert, sondern die tut, die vergebungsbereit weitherzig und langmütig ist. Diese Liebe ist langfristig wesentlich erfolgreicher; sie wirkt nämlich ansteckend (wie leider auch der Haß); denn „wer da hingibt, der empfängt, wer sich selbst vergißt, der findet", hat uns bereits der heilige Franziskus ins Stammbuch geschrieben.

Schmerzensmütter

Es gibt eine oft tief leidende Gruppe in unserer Gesellschaft, über deren Benachteiligung niemand spricht: das sind die alten Mütter. In erheblicher Zahl – oft schon verwitwet – leben sie allein in viel zu groß gewordenen Wohnungen, manche in verbitterter Isolation in Altersheimen, einige wenige bei ihren erwachsenen Kindern – meist aber dennoch nicht weniger allein. Es sind die Jahrgänge, die durch Hitlers Krieg um ihre Jugend gebracht wurden, die mit knapper Not dem Inferno entrannen, die Trümmerfrauen, die in karger Zeit ihre Kinder durchbrachten. Es sind die, die die Pfennige für die Ausbildung der Kinder zusammensparten, die selten Rentenansprüche geltend machen können, die sich mit einsetzten, als die Enkel kamen, und die sich noch jetzt mitverantwortlich fühlen für das Gedeihen der Nachkommen.

Hier läßt sich viel Leid entdecken, wenn sich der Mund unter dem sorgfältig gescheitelten Haar erst einmal vertrauensvoll geöffnet hat. Da ist Sorge über die ihnen befremdliche Art, wie die Enkel gehalten werden: daß sie z. B. nur selten richtige Mahlzeiten gemeinsam einnehmen, daß man sich per fast-food aus Eisschrank und Vorratskammer bedient, daß die 10jährigen noch nach 22 Uhr vor dem Fernseher hocken, daß jeder ohne eine Ordnung in der Familie seine eigenen Wege geht. Und es bekümmert diese Mütter, daß weder Sohn noch Tochter, weder Schwiegersohn noch Schwiegertochter „sich bedeuten lassen", das zu ändern, wie kürzlich eine dieser Mütter klagte. Sie fühlen sich auch noch für ihre Enkel verantwortlich, diese Großmütter, und sie befürchten, daß sich ungeordnete Lebensweisen ungut auf deren Entwicklung auswirken könnten. Und oft ist diese Befürchtung auch mehr als berechtigt, besonders wenn in den jungen Familien keine Grenzen gesetzt werden gegen den Gebrauch von Nikotin, Alkohol und Hasch, Ecstasy und dem Wochenendbesuch von Diskos und Techno-Parties.

Darüber hinaus: Wie ein Hammer schlägt es bei vielen der alten Mütter ein, wenn die Ehen ihrer Kinder zerbrechen und die Enkel zu Scheidungswaisen werden; wenn sie sich plötzlich mit genötigt sehen, wie diese Partei zu ergreifen für den einen oder den anderen der Zerstrittenen, wenn sie dann über kurz oder lang plötzlich nicht nur, wie bisher, *eine* „Gegenschwieger" haben, sondern gleich zwei oder gar drei: die Mütter der neuen „Lebenspartner" ihrer erwachsenen Kinder. Und nur selten wächst das neue Gefüge unversehens sofort zu einer friedvollen Gemeinschaft zusammen – viel häufiger dominieren Eifersucht und ein gegenseitiges Ausstechen bei der Gunst um die Enkel.

Nicht wenige der alten Mütter würden allerdings dergleichen Leiden dennoch gern auf sich nehmen, wenn sie nur Enkel *hätten*! Ihr Herzensstachel besteht darin, daß sich ihre Kinder – in Ehen ohne Trauschein oder als Single lebend – mit mehr oder weniger „berechtigten Gründen" weigern, in „diese" Welt Kinder zu setzen. Sie erleiden, daß die Kette der Generationen, in der sie mehr oder weniger bewußt standen, abbricht.

Nicht minder schwer zu ertragen ist es für Mütter, wenn die Kinder in ein Leben ausgezogen sind, das mit den Zielvorstellungen der Eltern nicht übereinstimmt und das die jungen Erwachsenen gegen ihren Willen durchgesetzt haben – leider manchmal wirklich zu ihrem Schaden, leider gelegentlich mit traurigen Ergebnissen, wie sich später herausstellt: mit finanzieller, körperlicher oder seelischer Zerrüttung. Und einige von ihnen machen dann die sie erschütternde Erfahrung, daß diese sich so trotzig von ihrer Ursprungsfamilie befreit habenden Söhne und Töchter nun aber nicht reuevoll heimkehren wie einst der verlorene Sohn, sondern stattdessen in die Fänge eines psychotherapeutischen Ideologen geraten. Manchmal kommt es dann zu einer weiteren Eskalation: Nun wissen die Therapierten plötzlich mit bitteren Vorwürfen, wer allein daran schuld ist, daß es mit ihnen nicht nach Wunsch gegangen ist – sie, diese ihre Mütter vor allem! Dann setzt die Phase der haßerfüllten Briefe, der wutschnaubenden Szenen oder der gänzlichen Abkehr vom Elternhaus ein. Scheinberechtigt schlagen die Jungen erbarmungslos die Türen hinter sich zu.

Die Beratungspraxis heute ist erfüllt von Tränenfluten solchen Leids, und es scheint mir unwahrscheinlich, daß es Verhalten dieser Art im christlichen Abendland bei erwachsenen Kindern in solcher Fülle bisher je gegeben hat. Diese Zunahme von fundamentalen Kränkungen der Alten durch die Jungen hat nämlich etwas mit dem 1969 inszenierten Abbruch mit der Tradition zu tun. Dadurch herrscht auch heute gelegentlich noch sogar bei manchen in den 70er Jahren ausgebildeten Psychotherapeuten eine familienfeindliche Tendenz vor, die mit Hilfe der Devise „Befreiung vom Familiarismus" vorbereitet wurde und der Zerstörung der Familie Vorschub geleistet hat.

Für die alten Mütter bedeutet das ein letztes und seelisch häufig das schwerste Kreuz ihres Lebens, weil es den Sinn all ihrer Mühe in Frage stellt, weil es fundamentale Enttäuschung gerade auf demjenigen Feld bedeutet, auf das sie ihren gesamten Lebensschwerpunkt gesetzt hatten. Der Boden wird ihnen damit gewissermaßen unter den Füßen fortgerissen. Nur zu einem Teil ist das archetypische Tragik. Gewiß kann und darf die „große Mutter" nicht alle Fäden in der Hand behalten, gewiß müssen die herangewachsenen Kinder ihre eigene Lebenswirklichkeit entdecken. Gewiß sündigen hier auch manche Mütter, indem sie die Ablösung der Beiboote vom Mutterschiff boykottieren. Aber die Tragödie der alten Mütter geht heute in vielen Fällen darüber weit hinaus – besonders durch die Vielzahl absoluter Kontaktabbrüche der Jungen gegenüber den Alten. Wenn diese Mütter dann keinen Gefährten an ihrer Seite haben, gehen sie oft in eine Altersdepression, die sie vereinsamt und abmagernd auf den Tod zudämmern läßt, der ihnen oft lang noch verwehrt wird, weil sich schon in den Überlebenskämpfen der frühen Jahre erwiesen hatte, wie gesund ihre Natur ist. Nur wenige finden den Weg in die stillen Bänke der entleerten Kirchen – aber einige immerhin doch, um dort unter unermüdlichem Beten für ihre ungetreuen Angehörigen einen Mitträger zu finden für das Leid, das sie zu erdrücken droht, und damit eine Frucht, die wertvoller ist als alle, denen sie vorher mit zur Reife verhalfen: ihren Frieden bei jenem Gott, der verheißt: „Selig sind die Trauernden auf Erden, denn sie werden dereinst getröstet werden!"

Auswüchse fordern heraus

Die Wahrheit über Ecstasy

Befragt man jugendliche Discobesucher nach ihrer Einstellung zur Designerdroge Ecstasy, so zeigt sich in der Mehrzahl der Fälle eine erschütternde Unaufgeklärtheit: „Naja, das könnte einem eventuell auch mal nicht bekommen", sagen die einen. Die anderen antworten kess: „Ist zwar verboten, aber doch leicht zu kriegen, und macht schnell high."

Ähnlich verharmlosende Äußerungen ließen sich im Fernsehen vernehmen. Ein „Experte" erklärte jüngst in einer Befragung zu diesem Thema: Ecstasy sei nicht generell schädlich. Nur sehr selten käme es zu einem akuten körperlichen Zusammenbruch. Das wäre ähnlich zufällig wie bei einer Schnupfen-Infektion. – Hessens Gesundheitsbehörde gar gab eine Broschüre zum Umgang mit Ecstasy heraus und empfahl dort einen wohldosierten Gebrauch.

Solche Aussagen entsprechen nicht im mindesten der schrecklichen Wahrheit; denn nicht allein der nur gelegentlich auftretende akute Zusammenbruch des Körpers bildet eine Gefahr für die Jugendlichen, die sich auf diese Weise in den Rausch des Außer-sich-Seins versetzen möchten: Seit mehreren Jahren schon sind die englischen Untersuchungen bekannt, die von irreversiblen Beschädigungen sprechen. Danach sind die gesundheitlichen Gefahren außerordentlich groß.

Bereits 1996 faßte das Deutsche Ärzteblatt die Ergebnisse folgendermaßen zusammen: Der Grundstoff von Ecstasy, das Metylendioxymetamphetamin, das aus Deviraten der Muskatnuß oder des Sassafrassbaums gewonnen wird, kann durch verschiedene Synthese-Verfahren und durch das Einfügen neuer chemischer Bausteine in die Molekularstruktur eines Wirkungsprofils fast beliebig – und für die Exekutive unüberschaubar variiert – gewissermaßen immer neu entworfen werden. Dies hat den daraus entwickelten Stoffen ihren Namen, eben als „Designer"-Drogen gegeben. Abgesehen davon, daß die den jugendlichen Käufern meist unbekannte Konzentration der berauschenden Substanz ein erheblicher Risikofaktor ist, beschreiben die Fachleute folgende „Nebenwirkungen" : Angstgefühle bis hin zur Paranoia, Muskelzuckungen, Depersonalisationsphänomene, Panikattacken, generalisierte Angststörungen, Burn-out-Syndrom, Depressionen, psychische Abhängigkeit. Bei gleichzeitiger Einnahme von Anti-Depressiva kann es sogar zu einer zerebralen Krampfbereitschaft und „Bewußtseinsstörung bis zum Tod" kommen.

Nachdrücklich wird in dem Bericht vor „gefährlichen Begleitumständen in der Techno-House oder Rave-Szene" gewarnt. Wörtlich heißt es: „Gewinnmaximierung ist in der Drogenszene oberstes Gebot." Teilweise sind die Wasserhähne abmontiert, um den Tänzern die Möglichkeit zu nehmen, ihren Durst kostenlos zu stillen (!). Die „Dehydration" (Austrocknung) kann in Verbindung mit Überdosierung zu vital-bedrohlichen Zuständen führen, mit zerebralen Krampfanfällen und Nierenfunktionsstörungen bis hin zum Nierenversagen mit z.T. tödlichem Ausgang. Andere Fachblätter wissen darüber zu berichten, daß es innerhalb eines Jahres in der BRD bereits 15 Todesfälle dieser Art gegeben habe und daß bei langfristigem Gebrauch der Droge irreversible Schäden an Nervenzellen, Leber und Nieren beobachtet worden seien.

Diese Forschungsergebnisse sind kürzlich von einem Team der Abteilung für Neuroanatomie der Universität Bielefeld erhärtet worden. Unter der Leitung von Prof. Gertraud Teuchert-Noodt ist das Team zu folgendem Ergebnis über Ecstasy gekommen: „Eine dysfunktionale Neuromorphogenese durch Drogenmißbrauch basiert auf zwei erst in jüngster Zeit entdeckten Eigenschaften des Gehirns während der Juvenilentwicklung. Zum einen reagiert speziell des Stirnhirn aufgrund seiner verzögerten Dopaminreifung in der Jugendphase hochgradig adaptiv (neuroplastisch), und zum anderen haben Drogen aus der Strukturgruppe der Amphetamine, wie Ecstasy, destabilisierende Wirkung auf Reifungsprozesse in höheren Hirnzentren. Experimentell haben wir belegt, daß die *einmalige* Gabe von Methamphetamin, auf der Basis produzierter Metaboliten, eine dysfunktionale Umorganisation im Stirnhirn mit *Bleibe-Schäden* zur Folge hat."

Einmal ist bei Ecstasy also keineswegs keinmal! Die seit 30 Jahren gängige Devise für Jugendliche: „Probiert alles aus!", erfährt hier also wissenschaftlich nachweisbar eine schwerwiegende Grenzsetzung. stattdessen aber die Fakten: Beobachter der Technoparties schätzen, daß 80 % der Teilnehmer unter Drogen, mehrheitlich unter Ecstasy stehen!

Wie unverständlich ist in Anbetracht dieser Situation, daß sich die Ergebnisse der Hirnforschung meist nur in medizinischen Fachzeitungen erfahren lassen, wie dringlich wäre es, daß es jedem Jugendlichen bekannt wäre, daß hier ein bißchen Probieren, ein bißchen Mitmachen, ein bißchen Wider-den-Stachel-Löcken die geistige Leistungsfähigkeit des Gehirns bei *einer* Ecstasy-Einnahme für *alle* Zeiten mindert!

Warum macht diese Forschungsbilanz keine Schlagzeilen? Warum werden nicht alle jugendlichen Schüler in den Schulen darüber aufgeklärt, warum gibt es nicht eine noch viel energischere Verfolgung der Verkäufer des Gifts? Gibt es keine Instanzen mehr, die sich für den geistigen Status unserer jungen Generation verantwortlich fühlen? Wenn man sich besorgt fragt, wer hier vor wem kuscht, wird einmal mehr sichtbar, daß unser Zeitgeist eine vor 30 Jahren in unserer Gesellschaft installierte heilige Kuh auf Deubel-komm-raus' unangetastet bestehen lassen möchte: die Verabsolutierung der uneingeschränkten Freiheit des einzelnen.

Aber diese Devise kollidiert mit der Unreife der Kinder, kollidiert mit der trotzigen pubertären Unerfahrenheit der Jugendlichen. Durch diese antiautoritären Trends haben in den letzten Jahrzehnten die Wohlstandsverwahrlosungen in der jungen Generation zu einem Massenphänomen werden können, durch diese Überbetonung des Rechts auf Selbstbestimmung hat eine verheerend falsche Drogenpolitik um sich gegriffen und viele Jugendliche um ihre Gesundheit, ihre Hoffnung auf ein sinnvolles Leben, ja, um ihr Leben gebracht!

Realistische Pädagogik stellt in Rechnung, daß Kinder und Jugendliche der Orientierung durch Erwachsene bedürfen, um Lebenswege zu finden, die ihnen zum Glück verhelfen. Wer sich dem versagt, macht sich verantwortungsloser Unterlassung schuldig. Noch einmal: Wer kuscht hier also abermals vor wem, wenn der Öffentlichkeit die Wahrheit über Ecstasy vorenthalten wird?

Kinderkriminalität

Eine Meldung über die sprunghaft angestiegene Kinderkriminalität ging jüngst durch die Presse. Mit 143.000 tatverdächtigen Jungen und Mädchen unter 14 Jahren hat sie mit einer Steigerungsrate von 80 % in den vergangenen fünf Jahren einen Höchststand erreicht. Mutmaßungen über die Ursachen wurden gleich mitgeliefert, z. B. es handle sich um die „neue Armut" und um eine „Kommerzialisierung von Kindheit". Aber diese Begründungen erweisen sich nicht durchgängig als stichhaltig. Vor allem beim Ladendiebstahl, der mit 55 % am meisten vertreten ist, sind zumindest alle sozialen Schichten beteiligt. Und auch die Kommerzialisierung der Kinder reicht als Ursache allein nicht aus. Es ist unzureichend, einmal mehr allein der Werbung den Schwarzen Peter in die Schuhe zu schieben mit der Behauptung, sie schaffe bei den Kindern den Anreiz zur Bedürfnissteigerung.

Die innere Sicherheit wird sich weiter schwerwiegend mindern, wenn nicht Versuche unternommen werden, nach den tieferen Ursachen zu fragen und diesen bedenklichen Symptomen entgegenzuwirken. Es darf nicht außer acht gelassen werden, daß die moralische Einstellung von Kindern sehr wesentlich noch ein tiefgreifenderer Spiegel der moralischen Einstellung derjenigen Erwachsenen ist, unter deren Einfluß sie stehen. Manche Kinder stehlen in Deutschland, weil sie von Erwachsenen für Beutezüge geradezu benutzt werden; denn Kinder sind nun einmal nicht strafmündig und können infolgedessen strafrechtlich nicht geahndet werden. In solchen Fällen sind die Kinder höchst bedenkliche Manipulationsobjekte von kriminellen Erwachsenen; denn das Einüben in Diebstahl und Raub, das Sanktionieren solchen Verhaltens durch die Erwachsenen in ihrem näheren Umkreis schafft eine verheerend negative Prognose für die Lebensgestaltung dieser Kinder. Durch die Mißachtung des Eigentumsrechtes wird es versäumt, das im Kindesalter zu lernende Unrechtsbewußtsein in bezug auf Eigentumsverstöße zu fördern. Eine notwendige Gewissensbildung kann so ausbleiben und eine kriminelle Karriere anbahnen.

Allerdings zeigt die Statistik, daß selbst Hintergründe dieser Art nicht immer in Armut ihre Voraussetzung haben. Jedenfalls bilden auch sie nur einen Anteil bei der Eskalation der Kinderkriminalität. Es gehört vielmehr zur Erfahrung der Kinderpsychotherapie, daß es selbst bei Kindern in wohlhabenden Elternhäusern zu einer Diebstahlsneigung kommen kann, wenn ihnen ihre seelischen Bedürfnisse nach Geborgenheit, Anerkennung und Geliebtsein unzureichend erfüllt werden. Tragische Umstände in den ersten Lebensjahren, falsche Pflegeformen und zu frühe Kollektivierung können hier ebenso ursächlich sein wie eine unzureichende Beaufsichtigung der Kinder. Manche der 1,3 Kinder pro Familie in unserem Land laufen seelisch und geistig unzureichend betreut neben den Erwachsenen her. Das vereinsamte Kind gerät dann nicht selten in die Versuchung, seine Bedürfnisspannung durch gestohlenen Ersatz zu entlasten und dadurch in eine süchtige Fehlhaltung zu geraten. Allerdings gibt es auch dies heute vermehrt:

eine negative Einstellungen der Eltern zu dem einzelnen Kind, manchmal auch bei ungerechter Behandlung gegenüber anderen Geschwistern. Eine diffuse Neidstruktur macht besonders gern anfällig für das Eigentumsdelikt im Kindesalter.

Gewiß sollte man ebenso den negativen Einfluß von unmoralischen Fernsehsendungen nicht unterschätzen. Besonders sie sind bei der erschreckenden Zahl von Gewaltdelikten im Kindesalter als bedenkliche Vormacher zu werten; aber – so zeigt die Erfahrung – die negativen Einflüsse der Medien können sich auch als unwirksam erweisen, wenn ein liebevolles Elternhaus sich gekonnt (mit sorgsam gesteuertem Fernsehkonsum) um eine angemessene Erziehung des Klein- und Schulkindes bemüht.

Die Eskalation der Kinderkriminalität bedeutet eine große Herausforderung unserer Gesellschaft. Die neuen Subventionierungspläne der Regierung für die Familie sind in später Stunde äußerst dringlich. Es müßten jungen Müttern Rahmenbedingungen zur Verfügung gestellt werden, durch die es Eltern möglich ist, sich mit genug Zeit liebevoll der heute besonders schwer gewordenen Erziehungsaufgabe zu widmen.

Brandstifterseele

Warum wird hierzulande soviel brandgestiftet? Die kriminalistischen Experten unterscheiden zwei Gruppen: Brandstiftungen aus „affektiv unspezifischen Gründen", d.h. die Brandstifter handeln aus rationalen Motiven wie Bereicherung, Eigennutz oder auch Schädigungsabsicht. In diesem Feld konstatieren Kriminalisten sowohl recht häufig den versuchten Versicherungsbetrug (besonders zum Abwenden eines Betriebskonkurses) wie auch durch organisierte Kriminelle zur Ausschaltung einer wirtschaftlichen Konkurrenz. Pizzeriabrände zur Lähmung des Konkurrenten stehen hier fast epidemisch besonders hoch im Kurs.

Diese Kategorie ist zwar die häufigere unter den Brandstiftungsmotiven. Aber auch die zweite Gruppe mit „affektiv spezifischen Gründen" d. h. von Brandstiftern verursacht, die eine abnorme Gefühlsbeziehung zum Feuer haben, kommt immer wieder vor und nötigt die Gerichte, wegen der merkwürdigen Gleichförmigkeit des Täterverhaltens nach dem psychologischen Sachverständigen zu rufen.

Die Triebtäter unter den Brandstiftern sind an folgenden Kriterien zu erkennen:

1. daß sie meist Serientäter sind, was beim ersten Erfaßtwerden keineswegs gleich erkennbar wird;

2. daß sie selbst nach der Aufdeckung, nach Gefängnisstrafen und Beeinträchtigungen durch die Regreßansprüche der Geschädigten hartnäckige Rückfalltäter bleiben;

3. daß sie oft unter den das Feuer meldenden Personen zu finden sind; d.h. sie kehren nicht, wie andere Verbrecher, gerne zum Tatort zurück, sondern sie entfernen sich gar nicht erst von ihm;

4. daß sie sich sehr häufig mit besonderer Intensität und emotionalem Eifer an der Brandbekämpfung beteiligen;

5. daß sie nicht selten sogar ein Mitglied der jeweils zuständigen freiwilligen Feuerwehr sind;

6. daß sie oft vor der Brandstiftung, wenn auch nicht immer, Alkohol zu sich genommen hatten.

Die meist männlichen, meist jungen „Feuerteufel" zeigen darüber hinaus typische Persönlichkeitsmerkmale. Sie gehören eher zu den Außenseitern, den Einzelgängern; manche sind sprechgehemmt, viele unter Alkoholgenuß aber angeberisch-protzend; viele erhalten von den Gleichaltrigen keine Anerkennung. Sie tun sich schwer mit den Mädchen. Entweder werden sie von ihnen abgestoßen, oder sie sind unfähig, sich ihnen überhaupt nur zu nähern. Häufig sind sie – selbst wenn sie sich Gruppen anschließen – dennoch randständig einsam, eine Charakterausformung, die meist eine lange Vorgeschichte hat.

Oft haben diese Menschen schon aus ihrer Säuglingszeit eine sogenannte orale Depression in ihr Kinderleben hineingetragen, die sie später zum Alkoholmißbrauch disponiert; auf jeden Fall haben sie aber bereits als Kinder eine Hemmung ihrer Selbstbehauptungsmöglichkeiten erfahren. Das läßt sie das Zündeln als eine emotionale Entlastung von bedrückenden Frustrationen, als eine Form der Ersatzbefriedigung entdecken. Etwas vom Urmotiv des Prometheus, der von den Göttern das Feuer raubte, ist in dieser Lust enthalten: selbst zu tun, allein zu tun, das gefährlich Verbotene zu wagen, um sich als Ich zu erleben, als eigenständig, selbstbestimmt und unabhängig. Zur Entlastung des gestauten Antriebs ist hier beides befreiend: sowohl das Entfachen der Riesenmacht Feuer, wie der Drang, sich durch erfolgreiches Löschen als der Herr dieser Macht zu erweisen. Deshalb steckt in jedem kleinen, elend getriebenen Brandstifter ein Stück des geltungssüchtigen Herostrat und des bösen Romzerstörers Nero...

Es ist richtig, daß unsere Gerichte die Pyromanen nicht in die Gefängnisse, sondern in die Therapiestationen schicken. Ihre Seele ist in der Tat krank, genau wie die der Alkoholiker, wie die der Serienmörder, der Kinderschänder, der Kleptomanen. Nur dürfen wir nicht unterschätzen: Die Fehlpolung lebenswichtiger Triebe besitzt eine hartnäckige Therapieresistenz. Gestörte dieser Art bedürfen der jahrelangen Begleitung und des Freiheitsentzuges, um sie vor sich selbst und der Versuchung zum Rückfall zu bewahren.

Triebtäter werden bei uns nun aber durch Mißachtung der echten Pflege- und Erziehungsnotwendigkeiten der verletzlichen Kinderseele in jeder Menge geradezu gezüchtet. Wie viele Brandstifterseelen – getrieben vom dumpfen Antriebsdruck und frustriertem Haß – gesellen sich, ohne daß sie wissen, was sie treibt, den militanten Demonstranten zu? Was muß noch alles hochgehen, ehe wir uns zum organisierten Vorbeugen gegen die explosive Getriebenheit negativer Gestimmtheiten entschließen?

Neujahrsfeuerwerk und Karneval allein werden jedenfalls in unserer sich immer mehr verkünstlichenden, immer instinktloser werdenden Welt nicht ausreichen, um seelische Fesselungen und feurige, suchtartige Entfesseltheiten einzudämmen.

Eine traurige Bilanz

Ein „Jahrhundert des Kindes" versuchte um 1900 die berühmte schwedische Pädagogin Ellen Key einzuläuten. Hundert Jahre später wäre es gewiß angebracht, daß sich unsere Gesellschaft um einen Rechenschaftsbericht bemüht. Ist es erreicht worden – das hohe Ziel? Zwar drängt sich zur Zeit viel Negatives auf; aber das darf nicht zu einer ausschließlich dunkel gefärbten Bilanz verleiten: Das Kind in Deutschland von 1900 war ein wesentlich reglementierteres und (mit Ausnahme der Upper-Class) ein wesentlich ärmeres und ein dem frühen Tod viel eher ausgeliefertes Wesen. Große Fortschritte für es sind seitdem zu verzeichnen: in der Pädiatrie, im sozialen Status und im Arbeitsrecht. Besonders verändernd zum Positiven wirkte sich die Reformpädagogik der 20er Jahre und das Erblühen einer wissenschaftlichen Kinder- und Entwicklungspsychologie in den ersten Jahrzehnten des jungen Jahrhunderts aus. Das führte zu einer humaneren, farbig-lebendigen Praxis, ja, zum Teil zu so etwas wie „schöne Schule" – wenn sich dieser Ansatz mittlerweile auch mehr und mehr wieder verflüchtigt hat.

Aber sogar die 80er Jahre weisen noch Lichtpunkte auf: Erziehungsgeld und Babyjahr waren Marksteine zur Verbesserung der Kind-Situation. Daß Neil Postmans düstere Devise vom „Verschwinden der Kindheit" nicht absolut ist, läßt sich z. B. am Boomen einer enorm vielfältigen Spielzeugindustrie ebenso ablesen wie auch an den ausgebuchten „Familienferien" auf den Bauernhöfen der Lüneburger Heide, anberaumt von sorgsamen Eltern, die den Urlaub eher kinderfreundlich als elterngerecht zu gestalten suchen.

Aber wo Licht ist, gibt es auch Schatten. Und diese sind im Hinblick auf die Belange des Kindes zur Zeit erschreckend lang geworden. Das ist allein daran zu erkennen, daß immer weniger Kinder geboren werden, in radikaler Verneinung bis hin zur abtreibenden Verweigerung des Kindes bei manchen Paaren.

Aber damit nicht genug: Keineswegs ist unser angeblich so humanes Zeitalter ohne Kindsmißhandlungen – im Gegenteil. Die Zahl der mißhandelten Kinder hat zugenommen, so konstatiert der Kinderschutzbund. 1.472 Fälle wurden im letzten Jahr bekannt – und das ist gewiß nur die Spitze des Eisbergs.

Die Ursachen der Zunahme von Kindsmißhandlungen haben nicht selten damit zu tun, daß für viele Kinder der beschützende Rahmen nicht zureichend vorhanden ist. So bedeutet für sie häufig die Scheidung der Eltern eine bittere Zerreißprobe. Die Zahl der Konflikte ist geradezu unübersehbar geworden. Schon die Tatsache, daß das Kind häufig genötigt wird, sich für den einen oder den anderen der zerstrittenen Eltern zu entscheiden, kann beim Vater oder bei der Mutter Haß auf das Kind auslösen und so lange schwelen lassen, bis plötzlich – nicht selten auch unter Alkohol – aus scheinbar nichtigem Anlaß daraus eine Mißhandlung wird.

Aber nicht nur auf diese Weise entsteht Zündstoff für die Eskalation der Gewalt an Kindern. In meiner Praxis läßt sich in den letzten Jahren ein alarmierender Anstieg der Fälle von sexuellem Kindsmißbrauch bestätigen. Spektakuläre Vergewaltigungen und Nötigungen durch Fremde sind dabei eher die Ausnahme, obgleich auch sie sich häufen. Aber katastrophal hat sich das private Umfeld entwickelt: Lebensgefährten, Stiefväter, Onkel, Brüder, Vettern, Betreuer, seltener, aber gelegentlich auch die leiblichen Väter entpuppen sich als Täter; ja, in jüngster Zeit sind zwei Fälle an mich herangetragen worden, bei denen junge Männer im Hausdienst die Körper von Säuglingsmädchen sexuell mißbrauchten und verletzten.

Oft ergibt sich nach der Aufdeckung des Delikts, daß die Kinder durch eine lange Phase des Mißbrauchs sexualisiert und an den Täter fixiert worden sind, und dies kommt besonders häufig vor, wenn die Kinder vernachlässigt und auf der Suche nach Zärtlichkeit und Geborgenheit für den Täter zu einer leichten Beute wurden. Daß das Kind den Mißbrauch oft lange verheimlicht, wird zwar meist mit Drohungen erzwungen, aber es kann auch dadurch entstehen, daß das Kind den Täter lange vor Beginn der sexuellen Beziehung liebgewonnen hat.

Aufdeckungen werden um so schwieriger, als dem Opfer erst allmählich erkennbar wird, daß der Täter eine Straftat begeht. In solchen Fällen schwerer innerer Konflikte sehen wir besonders häufig psychosomatische, ja gelegentlich psychosenahe Zustandsbilder: Verfolgungsangst, Wahnvorstellungen, Verwirrtheit weisen dann auf das Übermaß der seelischen Belastung hin. Mehrere Male habe ich auch erlebt, daß die Mischung von Todesbedrohtheit und sexuellem Schock ein totales Verstummen des Kindes hervorrief.

Eine Eskalation dieses Trends von Gewalt an Kindern ist in der verbrecherisch vermarkteten Kinderpornographie sichtbar geworden; denn es darf nicht verkannt werden: Daß es einen solchen furchtbaren „Markt" gibt, von dem sich z.B. der belgische Kinderschänder Marc Dutroux nährte, liegt daran, daß ein „Bedarf" dieser Art existiert. Und dieser floriert in der Tat international, ja, besonders im deutschen Nachbarland. Der „private" Kindsmißbrauch ist lediglich ein Vorläufer dieser abscheulichen Auswüchse, und während hier die Opfer oft nur getötet werden, weil die Täter situationsbedingt in Panik geraten, gehörte ihre Ermordung bei der belgischen Bande von vornherein mit zum untermenschlichen Kalkül.

Wo sind die Ursachen für diese Entwicklung zu suchen? Sie war vorauszusehen. Der Geschlechtstrieb ist neben dem Nahrungstrieb nun einmal das mächtigste unserer Grundbedürfnisse. Es bedarf eines sehr sorgsamen Umgangs mit ihm, besonders in den Reifungsphasen. Frühe Stimulierung des Sexualtriebs beim heranwachsenden Menschen kann süchtige oder neurotische Fehlformen auslösen. Fehlgepolte sexuelle Bedürfnisse drängen zu immer gleicher Entlastung. Die Natur in uns neigt zur Wucherung, wenn sie nicht gekonnt eingegrenzt wird. Mythen, Riten und religiöse Vorschriften hatten diesen tiefgreifenden, manchmal nicht einmal ins Bewußtsein tretenden Sinn. Sie aber wurden mit der Sexwelle vor 30 Jahren wie im Sturm hinweggefegt.

Die absurde Fehlvorstellung, daß eine „Erziehung zur Sexualität" (am besten – so meinten die frühen Protagonisten der 60er Jahre – bereits vom Säuglingsalter ab) den Kindern zu ihrer zentralen Entfaltung zu verhelfen habe, begann Medien, Schulbücher und ministerielle Wegweiser zu bestimmen. Ein entscheidender Deichbruch in Deutschland erfolgte 1975. Das vierte Strafreformgesetz gab die „einfache Pornographie" für Erwachsene frei und behielt sich lediglich eine Bestrafung „harter Pornographie" vor. Aber der Pornographiebegriff blieb dehnbar und wurde zunehmend verwässert, so daß Verurteilungen wegen eines Verstoßes gegen den § 184 StGB sukzessive abnahmen.

Das hatte zur Folge, daß jede Menge verderblicher Ware für Kinderaugen und -ohren den Medienmarkt überschwemmte. Aber aus sexualisierten Kindern werden oft sexualsüchtige Erwachsene – besonders unter den Männern; denn ihre Sexualität bleibt dann auf das Kind fixiert. Ein Teil ihrer Seele selbst bleibt infantil. Obgleich sie sich dann als Täter gebärden, sind auch sie im Grunde erbarmungswürdige Opfer einer ihnen aufgenötigten Einbuße ihrer Willensfreiheit durch die süchtige Fesselung an den Trieb im Wiederholungszwang.

Trotz des seit 1953 bestehenden Gesetzes über die Verbreitung jugendgefährdender Schriften ging der Schutz der Kinder unter diesen Trends und der Medienflut (von der wöchentlichen Bravo-Sex-Ecke bis zu Pro-Familia-Postillen, sogenannten Aufklärungsschriften der Regierungen und den mehr als freien TV-Sendungen bereits am frühen Abend) rettungslos verloren. Proteste von Fachleuten wurden öffentlich lächerlich gemacht. Bereits 1969 hatte eine Gruppe deutscher Ärztinnen vergeblich gewarnt: „Sexualisierung des Kindes... oder gar Spielereien Erwachsener an Kindern sind keine Sexualaufklärung, sondern Kindsverführung."

Man schlug dergleichen nicht nur in den Wind; sondern die „Befreier zur Sexualität" konnten bis heute die Pädophilie in auflagenstarken Gazetten als Heilskonzept anpreisen (wie z. B. in Aufklärungsheften der AIDS-Hilfe). Es würde Archive füllen, die Schreibtischtäter zu benennen, die an dieser ungehindert weiter anhaltenden Fehlentwicklung beteiligt waren. Sie sind Legion, gebärden sich aber (z. B. angesichts einer spektakulären Greulichkeit wie der belgischen) kopfschüttelnd als Biedermänner, ganz nach dem Motto: „Was schiert mich mein dumm' Geschwätz von gestern..."

Die Kindermorde, die Internet-Pornoringe, die Kinder mißbrauchen, sind die Taten von Unmenschen, die sogar den Tod von gequälten Kindern in Kauf nehmen, um damit ein Bombengeschäft zu machen; aber sie sind mehr: Folge einer furchtbaren Saat, die hier aufgeht. Die ungehörten Entsetzensschreie von gemarterten Kindern sind nur ein besonders grauenvoller Anteil daran – wie auch die Unzahl der nie wieder schließbaren seelischen Verwundungen bei den Überlebenden und den verwaisten Eltern.

Eine zusätzliche Gefährdung unserer Kinder entstand in den vergangenen 20 Jahren auch dadurch, daß – wie auch am Fall des Zweitmörders Diesterweg an der kleinen Kim aus Varrel erkennbar – die Täter in leichtfertiger Fehleinschätzung meist nur mit kurzfristigen Gefängnisstrafen zu rechnen hatten. Das lag daran, daß der ideologische Trend auch die Revisionsmöglichkeit bei Triebtätern überschätzte. Da Sexualmörder aber in den allermeisten Fällen Sexualsüchtige sind, und das heißt, daß der pathologisch gewordene Drang stärker ist als der Wille und den Menschen so zum Wiederholungstäter macht, ist es dringend an der Zeit, daß hier endlich wieder Erfahrungswissenschaft an die Stelle einer blauäugigen Fehleinschätzung tritt: Sexualmörder gehören langfristig in Sicherheitsverwahrung.

Auf eine durchgreifende Veränderung ist aber nur zu hoffen, wenn die Zusammenhänge durchschaut werden und in der vom Grauen aufgeschreckten Bevölkerung eine radikale Einstellungsänderung erfolgt. Aber das hieße vor allem zu erkennen, daß der Mensch nur allzu oft plurale Beliebigkeit anstelle von Wertbindungen gelebt hat, daß er maßlos seine Steuerungsfähigkeit überschätzt, daß er überheblich das Machen nach der eigenen Mütze an die Stelle des Fragens nach Gottes Vorgaben gesetzt hat. Erst nach einer fundamentalen Einsicht in die Grenzen menschlicher Willensfreiheit angesichts der Gegenwart von Mächten in unserer Welt, die stärker sind als er, ließe sich auf echten Fortschritt hoffen.

Das wirft uns zurück auf die Notwendigkeit eines wachsamen Erziehungsstils in unseren Häusern. Jeder Bürger sollte darum bemüht sein mitzuwirken, daß Kinder seelisch gesund heranwachsen können! Vorbeugen ist besser als therapieren!

Die so lautstark propagierte „natürliche Nacktheit" in der Familie wurde gelegentlich zu einer Form von Unnatürlichkeit, die manchen Kindern durch die zu frühe Erotisierung nicht bekam. Sexualstörungen im Erwachsenenalter waren dann nicht selten die Folge dieser Übertreibungen. Die frühe Sexualisierung – zusätzlich durch Unangemessenes im Sexualkundeunterricht und den pornographischen Trends in den Medien hervorgerufen – erwies sich nicht selten als Falle: hinein in die Sexualsucht, in die Homosexualität, in die Pädophilie, ja, gelegentlich sogar ins Sexualverbrechen.

Die Kriminalstatistiken zeigten diese Entwicklung lange nicht an – weil eben als erstrebenswert proklamiert wurde, was letztlich doch Annäherung an gefährliche Grenzüberschreitung war. Warum sollte man etwas vor den Kadi bringen, was im Fernsehen, in Pornovideofilmen, in Ausbildungen und

Lehrgängen als „normal" dargestellt wurde? Und warum sollten fortschrittliche Staatsanwälte derlei „Kavaliersdelikte" mit der Eröffnung eines Verfahrens belasten? Die Paragraphen 184 (Verbot der Pornographie) und 175 (Verbot homosexuellen Umgangs Erwachsener mit unmündigen Jugendlichen) waren ohnehin aufgeweicht worden

Das große Erschrecken trat deshalb erst ein, nachdem immer mehr furchtbare Verbrechen an Kindern geschehen waren. Liberale Leichtigkeit, ja, Leichtsinnigkeit, die Lässigkeit im Umgang mit der Pornographie ließ nun die Stimmung umschwenken: in die des Argwohns, der Furcht, in die einer neuen angstgetönten zurückhaltenden Übervorsicht auf der einen Seite – ja, in die eines blinden Eifers von „MißbrauchsjägerINNEN" auf der anderen Seite.

Wenn gutes, instinktsicheres Maß erst einmal verloren ist, lassen sich angemessene Umgangsformen nur schwer neu aufbauen; denn dazu wäre eine tiefgreifende Umkehr zu sittlichen Maßstäben nötig. Bis jetzt ist aber nur ein partieller Durchbruch durch die leichtfertige Liberalisierung der Sexualität geschehen – ohne eine Trendänderung im Fernsehen und der Regenbogenpresse. Daß eine berechtigte Unruhe in der Bevölkerung dennoch ausnahmsweise auf diesem Sektor einmal nicht unter den Teppich gekehrt wurde, lag daran, daß es in unserem vereinheitlichten Spektrum der öffentlichen Meinung der political correctness erlaubt ist, Männer generell verbrecherischer Umtriebe gegen Frauen zu verdächtigen.

Eine Rückkehr zu einem Grundkonsens sittlicher Maßstäbe aber zeichnet sich trotz der vielen negativen Erfahrungen bis heute leider weiterhin nicht ab. Eine tiefgreifende Einsicht in die Zusammenhänge, eine orientierunggebende Abklärung steht immer noch aus und läßt sich nicht einmal in den „Aufklärungsschriften" der Regierung für Jugendliche erkennen.

Es müßte also als erstes endlich auf den Tisch, daß die „Befreiung zur Sexualität" eine Entfesselung des Sexualverbrechens zur Folge gehabt hat; daß Kinder, die man unangemessen früh und schamlos pornographisch aufklärt, in die Gefahr geraten, pädophil sexualsüchtig zu werden, und daß diese Störungen kaum reversibel sind, wenn sie sich erst einmal eingebahnt haben. Daraus sollte sich folgender Maßnahmenkatalog ergeben: Sexualtäter sollten nach einem zweiten schweren Nötigungsdelikt in langfristigste Sicherheitsverwahrung genommen werden; der sogenannte „Datenschutz" im Hinblick auf die Akten der Kriminalpolizei sollten wieder einer korrekt erhaltenbleibenden Registratur weichen. Darüber hinaus müßte der Pornographieparagraph wieder eingesetzt und ihm vor allem in den Medien die nötige Geltung verschafft werden; es müßten sämtliche Materialien zur Schulsexualerziehung auf Angemessenheit geprüft werden, und es müßten die Aufklärungschriften der Bundeszentrale für gesundheitliche Aufklärung auf polymorph-perverse Tendenzen durchgesehen und – mit einer Tendenz zu verantwortungsbewußtem Umgang der Jugend mit ihrer Sexualität versehen – neu verlegt werden.

Ein umfängliches Aufwachen ist also gefragt, weil das unrealistische ideologische Menschenbild, das durch die negativ wirkenden Strömungen eingebahnt wurde, tief in alle geistigen Bereiche unserer Republik eingedrungen ist. In Wahrheit kann das jetzige Strafrecht Triebtätern kaum gewachsen sein, weil sie meist nur eine partielle Minderung ihrer Zurechnungsfähigkeit aufweisen. Das sollte nicht nur das Strafrecht, sondern alle dafür verantwortlichen Organe bedenken, um daraus zu lernen: Der entscheidende Schwerpunkt muß – vor allen anderen dann unzureichend werdenden Bemühungen – auf realistischen Vorbeugungsmaßnahmen liegen.

Trendwende

Wer mit einer spezifischen Kompetenz verantwortliche Personen des öffentlichen Lebens auf destruktive Tendenzen in den gesellschaftlichen Trends hinweist, erntet oft im besten Fall ein mitbesorgtes Stirnrunzeln, gelegentlich sogar ein gelassenes Beschwichtigen, mit der Begründung: „Was nützt hier Aufregung? Wozu erst Kampfansage, die beunruhigende Fronten errichtet? Es reicht zu warten; Lügen haben doch nun einmal grundsätzlich kurze Beine. Die Wahrheit siegt allemal. Geduld ist angebracht und Ruhe die erste Bürgerpflicht."

Dem läßt sich zwar mit dem Argument widersprechen, daß die Lügenbeine doch bänglich-länglich zu sein vermöchten, und daß für Personen mit Macht das Laissez-fair-Prinzip u. U. ihrer verantwortlichen Position nicht gerecht würde; denn schließlich bedeutet dann nur allzuoft die fehlende Handlungsbereitschaft Auslieferung oft von ungezählten Menschen an einen zerstörerischen Strudel, bedeutet Vernichtung von Lebensbasis und verelendendes Schicksal.

Die unzulängliche Handlungsbereitschaft des letzten russischen Zaren in der Phase der Erstarkung der Bolschewiki ist nur eins von ungezählten historischen Beispielen. Die Lügenbeine währten 70 Jahre, und auch jetzt noch ist in Rußland die Wahrheit nicht mehr als ein schwaches Pflänzchen Hoffnung.

Aber grundsätzlich gehört der Durchbruch des Notwendigen (im wahrsten Sinn dieses Wortes) offenbar zu den Gesetzen der Weltgeschichte, wobei dieser um so elementarer, eruptiver, ja gewaltsamer erfolgt, je intensiver und brutaler die Lüge regierte. Handelt es sich hingegen lediglich um mißbräuchliche Maßlosigkeiten, geistige Abirrungen in funktionsfähigen Demokratien, so kann Durchbruch auch als lediglich politische Wende, als Kehre zum Besseren durch eine Umverteilung der Macht in sanfter Weise geschehen.

In den USA scheint sich dergleichen – gewiß zum Erstaunen Clintons – anzubahnen. Was bewirkte die Distanzierung der Bevölkerung von seiner Politik und seiner Person? Das scheint weniger auf einer Unzufriedenheit mit den großen politischen Feldern zu beruhen; vielmehr scheint es, als hätten die US-Bürger die Verrohung ihrer Sitten und die Verletzung der amerikanischen Grundwerte mehr als satt. Und dieser Präsident mit den Parolen zu Abtreibung und Homosexualität, mit denen er antrat, steht ihnen nun einmal für die ins Maßlose getriebene Liberalisierung, deren Teufelsklaue vielen mittlerweile allzu greifbar nahe gekommen ist und den einzelnen wie auch den Bestand des Staates, wie Amerika ihn will, gefährdet.

Freilich hat sich hier in einer Vielzahl von Gruppen und Grüppchen längst eine Vorbereitung auf eine ins politische Feld durchschlagende Trendwende vollzogen – und zwar durch eine umfängliche, unkonventionelle Neuevangelisierung. Neun von zehn US-Bürgern glauben – so weiß eine Umfrage – heute wieder an Gott, und sechs von zehn Gläubigen gehen sogar regelmäßig zum Gottesdienst. Auch wollen die Republikaner, die nun zum ersten Mal seit 40 Jahren wieder die Mehrheit in beiden Häusern des Parlaments haben, in Amerikas Schulen wieder das tägliche Morgengebet einführen oder zumindest ermöglichen.

Deutschland hat derart Hoffnungsverheißendes noch nicht aufzuweisen. (Dort glauben nur zwei Drittel der Menschen an Gott, und von diesen sind nur neun Prozent praktizierende Christen.)

Bei uns wird der Unmut über die Auswüchse der Entsittlichung auch noch wesentlich rigoroser durch die elektronischen Medien unterdrückt. Der Pegel der Not ist hierzulande noch nicht hoch genug, um die indoktrinierende Verdrängungsdecke zu durchbrechen. Und doch gibt es eine Vielzahl von neu erweckten Glaubensgemeinschaften, Gruppen und Grüppchen – oft sogar schon außerhalb der großkirchlichen Mauern – mit vielerlei kraftvoller Intensität, deren Ausmaß deshalb unterschätzbar ist, weil sie verschwiegen wird, ja, wenn sie einige Wellenbewegungen erzeugt, so lange diffamiert wird, bis die Gemeinschaft unter Gruppendruck zerrinnt.

Es stimmt dennoch: Wahrheit läßt sich auf die Dauer nicht totschweigen. Man braucht lediglich die Gnade eines möglichst langen Lebens, um das zu erfahren. So wird die weltweite Lüge über das „Angeborensein" und das „Natürliche" der

Homosexualität demnächst nicht mehr zu halten sein – allzu beweiskräftig sind die Aussagen der US-Experten. Und es ist gewiß kein Zufall, daß das Prinzip Hoffnung in dieser Hinsicht für Europa ausgerechnet von Holland ausgeht. Hier hat der Experte Gerard van den Aardweg, Professor für Psychologie am Institut für Ehe und Familie in Kerkrade, befreiende Impulse gesetzt.

Die umfänglichen Erfahrungen, die in den USA wie in Europa über die „Tragödie" Homosexualität von nicht indoktrinierten Fachleuten haben gesammelt werden können, werden – zumindest von Randgruppen beider Großkirchen – nun auch in Deutschland dankbar angenommen und zu Hilfsaktionen umgesetzt.

1970 meinte ich noch, ich müsse durch die damals publizierte Prognose, daß wir in den 90er Jahren einen enormen Zuwachs an Homosexuellen in unserem Lande zu verzeichnen haben würden, einen Beweis für die an der Erfahrung gewonnene Theorie erbringen.

Am Beginn des neuen Jahrhunderts läßt sich wissen, daß das nicht nötig sein wird. Auch in dieser Hinsicht wird sich die Wahrheit Bahn brechen. Aber ich bin immer noch davon überzeugt, daß das Wissen um abwendbare mörderische Gefahren niemals zum Schweigen berechtigt, selbst, wenn die Unreife der Zeit Ächtung bewirkt; denn gerade aus dem Trüppchen der Befreiten und Aufgewachten wächst der rettende Anstoß.

Grenzen der Toleranz

Ein junger Mann, der an einer Gruppenreise durch Zentralafrika teilgenommen hat, wird auf der Rückreise von Schüttelfrost, Benommenheit, hohem Fieber und Schluckbeschwerden gepackt. Er spürt, daß ihm nichts anderes übrigbleibt, als die Reise zu unterbrechen. Deshalb ruft er auf einer Zwischenstation eine befreundete Familie an mit der Bitte, ihn aufzunehmen. Er hat Glück. Er wird freundlich eingeladen, mit zu Tisch gebeten, mit vielen Pillen und ratgebenden Worten versehen und schließlich in ein gemachtes Bett gepackt. Erst nach einigen Tagen, in denen sich sein Zustand sehr verschlechtert hat, wird ein Arzt geholt, der Einweisung ins Krankenhaus und Isolierstation anordnet.

Aber kurze Zeit später erkranken die Eltern und vier der sieben Kinder an den gleichen Symptomen, noch später eine ganze Reihe von Schul- und Arbeitsgefährten der Familie, die sich angesteckt haben. Alle müssen mehrere Wochen teils mit lebensbedrohlichen Erscheinungen im Krankenhaus liegen, einige tragen bleibende Gesundheitsschäden durch den tropischen Virus davon.

Eine menschenfreundliche Familie hatte hilfreich und tolerant und dennoch falsch gehandelt. Vermittlung zur sofortigen Aufnahme in die Isolierstation, also gerade Abtrennung und Distanz, um die Verseuchung des weiteren Umkreises zu verhindern, wäre die eigentlich verantwortungsbewußte Maßnahme christlicher Nächstenliebe gewesen.

Ich meine, daß diese Geschichte auch in anderen Bereichen unseres Lebens heute eine hilfreiche Orientierung vermitteln könnte – sowohl im Bereich physischer wie geistig-seelischer Gesundheitsfürsorge; denn oft wird uns durch Medientrends ein ungut überdehnter Toleranzbegriff aufgenötigt. Man denke nur an die Maßnahmen, die in unserer Öffentlichkeit grassieren, seit die neue tödliche Infektionskrankheit AIDS aufgetreten ist. Seltsamerweise kam es hier nicht zu Gegenmaßnahmen, wie sie auf dem Boden wissenschaftlicher Erfahrungen in der Seuchenmedizin angesichts lebensbedrohlicher neuer Krankheiten üblich sind, so daß unheilbare Krankheiten erfolgreich eingedämmt werden konnten, wie z. B. die Tuberkulose.

Anders als hier wurde in den westlichen Ländern, als AIDS sich auszubreiten begann, auf jegliche verpflichtende Kontrollmaßnahmen verzichtet. Zwar wurde in der Öffentlichkeit

eine breite Aufklärungskampagne über die Art des neu erforschten Virus eingeleitet, aber selbst in den Broschüren für
Jugendliche und den Aktivitäten der AIDS-Hilfe in den Schulen wurde kaum einmal zur Vorsicht geraten. Der Akzent lag
wesentlich auf einem Bemühen um Akzeptanz und Toleranz
gegenüber der furchtbaren neuen Seuche. Im Fernsehen gras-
sierten über Monate hinweg Spots, die zeigten, wie AIDS-
Kranke intensiv geküßt wurden. Nirgendwo – selbst nicht in
den Aufklärungsschriften aus Bonn – ließ sich der Rat vernehmen, auf neu bedenklich gewordene Umgangsweisen besser zu
verzichten. Weder beim Küssen, noch beim Trinken aus der
gleichen Flasche, noch beim Umarmen wurden im Umgang mit
den Infizierten Hygienemaßnahmen anempfohlen, ja, nicht
einmal bei Geschlechtsverkehr mit Kondomen – unter dieser
Voraussetzung selbst nicht bei homosexuellem Analverkehr –
sei Vorsicht geboten, so lautete und lautet der Tenor, obgleich
hier nachweislich die größte Ansteckungsgefahr besteht. Berichte, die diese Vorstellung widerlegten, wurden so rasch wie
möglich unter den Teppich gekehrt.

„Es gibt keine gefährlichen Freunde", ließ stattdessen in diesem Zusammenhang die Zentrale für Gesundheitliche Aufklärung im Auftrag des Bundesgesundheitsministeriums bereits 1992 den Jugendlichen verkünden. Auch gilt es mehr als
verständlich, ja, geradezu als selbstverständlich, daß HIV-Infi-
zierte ihrem Umfeld verschweigen, daß sie von der anstecken-
den Krankheit befallen sind. Eltern, die ihren Kindern raten,
im Umgang mit einem AIDS-infizierten Kind, dessen Infiziert-
heit ausnahmsweise einmal bekannt geworden ist, vorsichtig
zu sein, werden als intolerant, als unmenschlich und unchrist-
lich verschrien.

In der Geschichte der Menschheit ist dieses Vorgehen eine
einmalige Neuheit im Umgang mit einer tödlichen, lebensbedrohlichen Infektionskrankheit, und das, obgleich die Zahl der
Todesopfer von meist jungen Menschen weltweit jährlich beträchtlich ansteigt. Die Zahl der jährlich neu HIV-Infizierten in

Deutschland ist unbekannt, da eine Verpflichtung zur Durchführung eines AIDS-Tests nicht existiert.

Appelle an die Verantwortung der Betroffenen und ihrer Geschlechtspartner kommen bei den vielfältig vom Staat subventionierten Aufklärungsbemühungen praktisch nicht vor. Jedenfalls dringen sie seltsamerweise nicht in die Öffentlichkeit – ein deutliches Zeichen dafür, daß hier nicht sachlich und situationsgerecht, sondern ideologisch votiert wird, in einer Weise, die offenbar nicht vorrangig zum Ziel hat, persönliches Verantwortungsbewußtsein zu wecken und so die neue Geißel der Menschheit einzudämmen und dadurch dem Allgemeinwohl zu dienen. Ein solcher Umgang mit einer gefährlichen Seuche bedeutet Überdehnung des Toleranzbegriffes, ja, er kommt seiner Pervertierung gleich.

Es bedeutet Mißbrauch der positiven Funktion Toleranz, wenn sie als eine ununterschiedliche Billigung jeglicher Handlungen, jeglicher Meinungen, jeglicher Strömungen verstanden werden soll. Toleranz muß dort ihre Grenze finden, wo zerstörerischer Geist Einlaß fordert. Sie muß dort aufhören, wo der Geist verantwortungsbewußter Freiheit und konstruktiver, liebevoller Ordnung angegriffen wird; sonst verwandelt sich Toleranz unversehens in Fahrlässigkeit und unzulässigen Leichtsinn. Wenn sich zerstörerischer Geist, mit der geraubten Waffe Toleranz verkleidet, daran macht, Leben leichtfertig zu gefährden, ist Duldsamkeit unangebracht und die Verteidigung des Lebens unumgänglich notwendig.

Toleranz wird mißbraucht, wenn das Verantwortungsbewußtsein gelähmt und die Notwendigkeit von Vorsichtsmaßnahmen mit dem Mantel des Pluralismus erstickt werden. Jeder Wert wird durch Verabsolutierung zu Unwert und Gefahr; selbst mit der Toleranz geht es uns da nicht anders. Das Bedürfnis, mit dem anderen solidarisch zu sein, muß dort seine Begrenzung finden, wo ein solches Verhalten zur Lebensgefahr für viele wird.

Wenn in Überdehnung der Toleranz Verhaltensweisen, die

für die Allgemeinheit lebensgefährlich werden können, die gleiche Gültigkeit zugebilligt wird wie wirklichkeitsgerechtem Verhalten, wird durch eine allgemeine Lähmung des Verantwortungsbewußtseins eine stumpfe, eingeschläferte Gleichgültigkeit bewirkt. Historisch hat sich das Erwachen aus Erblindungen dieser Art oft als zu spät erwiesen; denn Großlügen solchen Umfangs haben nicht nur kurze Beine, sondern auch verheerende Folgen.

Jugend läßt sich nicht mehr für dumm verkaufen

62 Schülerinnen und Schüler aus den 10. Klassen einer norddeutschen Oberschule schreiben mir einen Brief. Sie haben einen Aufsatz von mir gelesen, in dem ich von einem jungen Paar berichte, das den Entschluß gefaßt und durchgeführt hatte, mit den intimen Beziehungen zu warten, bis es verheiratet war.

Die beiden jungen Leute brachten dafür sehr handfeste Argumente vor: Sie wollten erst ihre Ausbildungen abschließen, ehe sie Kinder in die Welt setzten; die „sicheren" Verhütungsmittel seien ihnen nicht unbedenklich genug, die „unsicheren" würden ihnen die innere Ruhe rauben. Ihr erstes Kind sollte kein „Ausrutscher", sondern ein Wunschkind werden.

Der Plan erweist sich im Nachhinein auch als gut und richtig: Aus dem sorgsamen Paar wird eine glückliche Familie – nur die Umwelt (die Eltern eingeschlossen) hatten dieses Verhalten in der Verlobungsphase kopfschüttelnd für blödsinnig gehalten.

Die 62 sechzehn- und siebzehnjährigen Schüler hatten die Schrift im Religionsunterricht ihrer Schule der Fachlehrerin vorgelegt. Ihnen hatten die Ansichten des Paares gefallen; sie fanden die Art, wie die beiden Liebenden miteinander verantwortungsbewußt umgegangen waren, sehr gut, schreiben in ihrem Brief dann aber wörtlich:

„Die erste Reaktion unserer Religionslehrerin war: ‚Das hätte ich mich nie getraut, in einer 10. Klasse vorzulesen.‘ – Auf unsere Frage hin, warum sie den Text für nicht angebracht hielte", so fahren die Schüler in ihrem Brief fort, „sagte sie, er wäre unrealistisch, wir müßten erst 'mal älter werden und Erfahrungen sammeln." Die Schüler aber fühlen sich von ihrer Religionslehrerin unterschätzt und unangemessen unterrichtet. Sie schreiben:

„Unsere Meinung ist, daß die Vorsätze und Gründe des Paares gut sind, da sie die Sexualität in die Ehe verlegen und Werte wie Verantwortung, gegenseitigen Respekt vor Angst und Unsicherheit so hoch einschätzen. Uns ist natürlich klar, daß das sehr schwierig ist, aber wir können uns doch vorstellen, daß man es vielleicht schaffen kann. Bitte, beantworten Sie diesen Brief!"

62 Schülerinnen und Schüler fühlen sich auf der Suche nach Orientierung von ihrer Religionslehrerin allein gelassen und gehen auf die Suche nach Verstärkung ihrer nachdenklichen Einstellung. 62 junge Fortschrittler sind mißtrauisch geworden, ob die ihnen von BRAVO und dem Zeittrend aufgenötigte Vorstellung, daß sie eigentlich erst „normal" wären, wenn sie ab 14 Geschlechtsverkehr hätten, wirklich der richtige Weg zum Lebensglück sei.

Sie beginnen zu spüren, daß man sie durch dieses Meinungsklischee in eine Einbahnstraße hineinnötigen will, die für manche sogar in einer Sackgasse endet: Um 50 % häufiger ist z.B. der Gebärmutterhalskrebs bei jungen zwanzig- bis dreißigjährigen Frauen in den letzten Jahren in Erscheinung getreten, und zwar bei genau denen, die ab 14 häufigen Geschlechtsverkehr hatten. Immer mehr Frauenärzte stellen bekümmert fest, daß nach zwei, manchmal sogar nach drei Abtreibungen oder nach langjähriger Pilleneinnahme ein schließlich auftretender Kinderwunsch unerfüllt bleibt. Und ein praktisch arbeitender Jugendpsychotherapeut kann erst recht von Ängsten um die modernen Sexualprobleme Jugendlicher berichten, die sich

häufig sogar als die Ursache manchen Schulversagens heraus-
stellen.

Nicht nur einzelne Jugendliche spüren, daß man ihnen auf
diese Weise die Freiheit nicht schenkt, sondern sie ihnen
nimmt; sie fühlen sich von den Meinungsmachern genötigt,
sich nur dann als up to date erleben zu dürfen, wenn sie die Pille nehmen oder sich eine Spirale einlegen lassen und mit je-
mandem intime Beziehungen haben. Ja, manche Lehrer – wie
aus unserem Beispiel ersichtlich, sogar manche Religionslehrer
– meinen, in diesem Fahrwasser schwimmen zu müssen, um
nicht von ihren Schülern abgelehnt und ausgebuht zu werden.

Nur um modern, um konform zu sein, um durch eine andere Meinung nicht ins Out zu geraten, passen sie sich an – wie
sich zeigt, nicht nur viele Jugendliche, sondern auch manche
„Alten", manchmal sogar die, die die Aufgabe hätten, den Jugendlichen aufzuzeigen, wie es möglich ist, von einem Natur-
wesen zu einem Kulturwesen zu werden, d.h. durch Kindheit
und Jugend hindurch allmählich zu lernen, mit seinen vitalen
Antrieben verantwortungsbewußt selbststeuernd umzugehen.

Aber wo Gefahr ist, wächst das Rettende auch; es gibt sie,
wie der Brief zeigt, schon – die tapferen Jugendlichen, die sich
selbst von mitläuferischen, an ihrer pädagogischen Aufgabe
versagenden Lehrern nicht ins Bockshorn jagen, die sich nicht
für dumm verkaufen lassen wollen und konstruktiv trotzig
nach einer neuen und wieder christlichen Liebeskultur auf die
Suche gehen.

Umkehr ist not!

Christen im Vorteil

Als Christ einen schlechten Ruf zu haben – das sollte eigentlich kein Bibelkenner als modische Neuheit einschätzen. Gott setzt laut Lukas 12,32 nun einmal auf „die kleine Herde". Er ist anders als weltliche Potentaten auf Mehrheiten nicht angewiesen. Und da Mehrheiten sich Zielen, die höchst unbequeme Überwindungen abfordern, ungern anschließen und ein heiligmäßiges Leben in ihrem Umfeld die Menge selten unmittelbar anspornt, sondern ihr eher ein schlechtes Gewissen macht und sie dadurch reizt, können bemühte Christen nun einmal gar nichts anderes erwarten, als daß die Menschen sie „hassen, absondern, schelten und verwerfen" (Lk 6,22).

Um so erstaunlicher ist ein neues Untersuchungsergebnis aus den USA. In der Fachzeitschrift „Psychosomatische Medizin" hat Dr. Thomas Oxman, Prof. für Psychiatrie an der Universität Dartmouth, eine sonst meist unterdrückte Wahrheit der Verdrängung entrissen: Er stellte 232 betagten Patienten zwischen 70 und 79 Jahren vor ihrer Operation am offenen Herzen die Frage, ob sie an Gott glaubten. Nach einiger Zeit recherchierte er und stellte fest, daß die Überlebensrate bei den Gläubigen dreimal so hoch lag wie bei den Ungläubigen.

Oxman interpretiert dieses Ergebnis folgendermaßen: „Im Glauben ist eine größere sinngebende Kraft am Werk. Wer keinen Sinn in einer solchen Krankheit zu sehen vermag, für den ist sie viel schwerer zu ertragen."

Eine solche Nachricht ist insofern besonders erstaunlich, als in den Medien im allgemeinen die Nachteile des Christseins wesentlich mehr betont werden als dessen Vorteile. Da ist die Rede von Lebens- und Leibfeindlichkeit, von ekklesiogenen

Neurosen, von pathologischen Schuldgefühlen und konflikt-
verstörten Zölibatären.

Die Aussage des Herrn Prof. Oxman bestätigt hingegen eine
Erfahrung christlicher Psychotherapeuten: Heilverfahren, die
in ihr Konzept den christlichen Glauben miteinbeziehen, haben
mehr Chancen auf Erfolg. Psychologische Hilfsangebote allein
stoßen bei manchen Patienten letztlich doch an eine Grenze,
besonders bei den psychischen Störungen, die sich mit den üblichen Verfahren als nicht reparierbar erweisen. Das sind vor
allem jene Störungen, die vor, unter oder relativ kurz nach der
Geburt durch eine minimale Beschädigung des Gehirns hervorgerufen wurden, so daß daraus eine pathologische Angst-
bereitschaft resultiert, die dazu neigt, in Belastungssituationen
wie eine nur vernarbte Wunde aufzubrechen. Wie auch bei
schweren körperlichen Behinderungen bedürfen solche Leidenden – über Hilfen des Erkennens und Übens hinaus – einer
Kraftquelle, um ihr dezimiertes Leben ohne Verzweiflung bestehen zu können.

Nach meiner Erfahrung ist es von großer Wirkung, wenn es
gelingt, den Suchenden die Hilfen einsichtig zu machen, die im
Christentum zur Verfügung stehen. Not kann den Menschen
bereits grundsätzlich lehren, nachdenklich zu fragen, zu fragen
nach dem Anteil an eigener Schuld an persönlichem Unglück,
und – wenn das Unglück etwas mit dem eigenen Versagen zu
tun hat –, durch das Dilemma zu lernen, um es in Zukunft besser zu machen.

Und erst recht kann jeder Mensch, der angesichts von un-
verschuldetem Leid zu fragen beginnt, es mit einer christlichen
Lebenseinstellung dennoch als sinnvolles Entwicklungsstimu-
lans verstehen lernen; denn er kann über das Erkennen des
Sinnes von Not Antwort finden auf das Fragen nach dem Sinn
des eigenen Lebens. Das Fragen nach dem Sinn des Leids, das
hat uns schon die Hiob-Geschichte deutlich gemacht, mündet
letztlich ein in das Fragen nach Gott, das Fragen nach der Beziehung zwischen Gott und Mensch, das Fragen nach dem We-

sen, Ziel und Sinn meiner persönlichen Existenz hier auf der Erde.

So gesehen ist für den Gläubigen Leiden grundsätzlich keine Minderung. Es kann für den Kranken selbst eine Herausforderung zur Gottestreue, für die Angehörigen eine Bewährung in Nächstenliebe sein. Leiden kann für den Christen sogar als eine Auszeichnung zu besonders zugemutetem Dienst erlebt werden (es war Leidenstat, durch die Jesus Christus die Menschheit erlöste). Vor allem: Das Evangelium spricht den auf Erden Gequälten durch ihren gerechten Gott einen himmlischen Ausgleich zu. „Selig sind, die da Leid tragen; denn sie sollen getröstet werden." (Mt 5,4).

Antworten auf die Frage nach dem „Warum dies mir?" können so den dafür Aufgeschlossenen in einer tiefen Weise umfrieden und es ihm möglich machen, sein Schicksal nicht nur anzunehmen, sondern unter Zuhilfenahme der im Gebet immer erneuerten Kraftquelle durchzutragen. In solchen Fällen erweist sich der Suchende als mehr geheilt, als wenn er lediglich symptomfrei wäre. Und um Heilungen in einem umfassenden Sinn hat es sich doch wohl auch bereits bei Jesu Wundertaten letztlich gehandelt. „Heilwasser umsonst", das den Durst nach Erlösung löscht (Joh 4,13), kann es deshalb für den Gläubigen auch heute noch geben.

Kommt von Amerika – nach der so langen Phase der Heilssuche durch materiellen Gewinn und verabsolutierter Freiheit – nun der Anstoß zu reiferem Fortschritt? Kann immer mehr seelische Not bei immer mehr Menschen nun öfter bewirken, was der Glaube verheißt: Aufbruch, Ansporn, Vertiefung und als Ziel innerer Frieden? Platzen die Eierschalen einer oberflächlichen Schlaraffenlandmentalität auf? Und gäb's dann nicht vielleicht doch sogar Hoffnung auf eine leicht vergrößerte „kleine Herde", mit der sich sogar C-Parteien stabilisieren könnten?

Emporgereckte Hände

Den Zeitgenossen der zweiten Hälfte dieses Jahrhunderts reißt das nicht mehr aus dem Fernsehsessel, weil es ihm dort reichlich oft schon präsentiert worden ist. Aber man stelle sich vor, etwa ein Mensch aus dem Mittelalter bekäme Gelegenheit, einen Blick auf die Szene zu werfen: auf das Spektakel eines Rockfestivals. Nicht nur der klopfende Rhythmus, der den raschen Herzschlag eines Menschen zu hämmerndem Dröhnen verstärkt, nicht nur die aus der Dunkelheit auffunkelnden grellfarbigen fluktuierenden Lichtblitze, nicht nur diese merkwürdig hüpfenden, krächzenden, schwarzledernen Männchen auf der Bühne würden ihm gewiß unheimlich sein – sondern vor allem die riesige Masse der Menschen davor und ihr merkwürdiges Benehmen: Auf den ersten Blick läßt sich das in all dem Gewoge oft gar nicht so richtig erkennen: daß es sich um Leiber handelt, dicht an dicht, eng aneinandergepreßt, und um hochgehobene Gesichter, oft mit weit aufgerissenen Augen und Mündern, Kopf an Kopf – Tausende. Aber sie sind mehr oder weniger verdeckt von unzähligen weißen, nackten, hochgereckten Ärmchen, die sich vom Rhythmus gestoßen im Gleichklang bewegen, wie von einem Wind getrieben, hin und her, her und hin. Aus der Ferne gleichen sie eher langstieligen Ausläufern von Wasserpflanzen, die von einer dunklen Meeresströmung hin und her gedreht werden.

Und noch viel seltsamer wird dieses Bild, wenn von der Bühne irgendwelche wolkigen Dämpfe versprüht werden. Dann scheint es oft so, als seien es hinaufflehende Hände, die sich aus einem brodelnden Topf emporstrecken.

Ich bin mir sicher: Der erdenferne Beobachter würde einen Heidenschreck bekommen und so rasch wie möglich Fersengeld geben. Muß er nicht meinen, einen Blick in die Hölle getan zu haben?

Und ist es das nicht vielleicht auch? Doch was sich hier reckt, sind ja nicht die feisten, verkommenen, schmutzigen Arme elender Sünder, wie die Maler des Mittelalters Höllenpfuhl damals darstellten, sondern schmale Ärmchen und weiße Kinderhände von 13-, 14-, 15jährigen – warum erwecken sie in dieser Situation solche Assoziationen? Schließlich rufen sie ja keineswegs um Hilfe, vielmehr ist es ihre Begeisterung, die sie in ekstatische Bewegung und zum tausendkehligen Kreischen gebracht hat.

Nicht Höllenpfuhl also, sondern Zauberberg. Aber ist der nicht vielleicht grundsätzlich so etwas wie eine Art Vorhölle? Auf jeden Fall, so erzählen die Mythen, geht der Ankunft vor seinem sich lautlos öffnenden Riesentor ein Weg aus der Welt hinaus, und das heißt tiefenpsychologisch: aus der Realität hinaus. Und nur wenn himmlisch reine Liebe die führende Kraft war, kann der Zauberberg als ein Vorhof zu himmlischem Glück verstanden werden, wie Taminos Eintritt in Sarastros Hallen in Mozarts Zauberflöte. Die meisten Zauberberge, so erzählt mythische Urweisheit, sind von dunklen, dämonischen, üblen Mächten installiert, aus denen es keine Rückkehr gibt.

Der Zauberberg des Rattenfängers von Hameln fällt dazu ein, in den jener Flötenspieler verschwand, der laut Sage durch seine Schalmeien die Stadt erst von einer Rattenplage befreite, keine ihm dafür gebührende Belohnung erfuhr und aus Rache nun der Stadt die Zukunft zu nehmen suchte, indem er die Kinder dazu verlockte, wie verzaubert seiner Flöte zu folgen – auf Nimmerwiedersehen.

Wes Geistes Kind sind die musizierenden Zauberer, die in den Technoparties am Werke sind? Entlassen sie die von ihnen Faszinierten wieder in die Realität? Das ist eine bange Frage; denn manche, die den hohen Rausch geschmeckt haben, bekommen unlöschbaren Durst nach mehr von diesem Zaubertrank und nehmen nur allzu gern alles zu sich, was den seligen Zustand künstlich vorbereiten kann. Die böse Droge Ecstasy ist zur Zeit das Non-plus-ultra dieser Sehnsüchte. Für viele gibt es dann wirklich keine Rückkehr mehr. Wenn dergleichen

40mal konsumiert ist – so wissen ärztliche Statistiken – sind, der Leib (und auch die Seele) irreversibel zerstört...

Also doch eigentlich aus dem dämonischen Schlund hervorquellende Kinderschreie um Rettung? Es wäre dringend an der Zeit, daß alle Erwachsenen, die noch etwas wie ein überpersönliches Verantwortungsbewußtsein kennen, dies so sehen würden; denn die Sehnsucht der Kinder ist schließlich berechtigt. Sie werfen die Arme hoch, sie öffnen die Hände, die Münder, die Augen, sie erheben nicht nur ihre Köpfe, sondern ihre Herzen; sie sind junge Menschen mit Hoffnung auf das Hohe, das Herzsprengende, das überwältigende Gefühl. Das ist ihnen vorgegeben, das will hinauf – über sie selbst und ihr kleines begrenztes Ich hinaus.

Aber wie grauenhaft: Statt diesem Bedürfnis Parzivalwege anzubieten, statt ihren eigentlich heiligen Gefühlen mit heiligen Ritualen zu begegnen, überlassen wir sie dem laut lärmenden tosenden Schein. Was für eine zeitgemäße Teufelei!

Kürzlich begegnete mir eine charismatische Jugendgruppe. Auch sie hatten bei ihren Gesängen die Hände erhoben und bewegten sie in jubelnder Anbetung. Aber ihre Begeisterung war hell, war leuchtend – und von dem Geist beseelt, der in Wirklichkeit angerufen sein will...

Umkehr ist not

Ein berühmtes Gedicht von Reinhold Schneider – zur Zeit des 2. Weltkrieges verfaßt – beginnt, besonders mit seiner zweiten Strophe, neu aktuell zu werden: „Jetzt ist die Zeit, da sich das Heil verbirgt / und Menschenhochmut auf dem Markte feiert / indes' im Dom die Beter sich verhüllen / bis Gott aus unser'n Opfern Segen wirkt / und in den Tiefen, die kein Aug' entschleiert / die trock'nen Brunnen wieder sich mit Leben füllen."

Wirft man – besonders im Hinblick auf die religiöse Entwicklung – einen Blick zurück auf die vergangenen 50 Jahre, so zeigt sich, daß in der Nachkriegszeit in Deutschland eine Reanimierung des Glaubens einsetzte. Die Kirchen füllten sich wieder. Die katholische Kirche erholte sich von der Unterdrückung und Verfolgung im Hitlerreich. Aber nachdem das Wirtschaftswunder sich etabliert hatte, begann der moderne Mensch wieder, andere Schwerpunkte zu setzen. Immer mehr wurde das Geld, der Erwerbssinn vorrangig, zunehmend wurden Äußerlichkeiten überwichtig: Kleider, Reisen, Investitionen für Unterhaltung und Luxus. In der Wissenschaft kam es zu ebenso erstaunlichen wie atemberaubenden Neuerungen: der Anwendung der Kernenergien in Atomkraftwerken, dem Ausbau der Computerindustrie, der Ausgestaltung des Fernsehens zu einer Fülle von Programmen, zur Möglichkeit von Gen-Manipulation und Klonung durch rasante Fortschritte in der Molekularbiologie, der Steigerung der Raumfahrtprogramme und generell zu einer enormen Verfeinerung der Technik, von atomarem Kriegsmaterial bis zu immer schnelleren Verkehrsmitteln vom Auto bis zum Flugzeug.

Diese Ausrichtung: Immer aktiver, immer hektischer, immer schneller, immer komfortabler, bekam Entsprechungen in der veröffentlichten Meinung, wie sie vor allem durch die voll aufgeblühten elektronischen und Printmedien in großer Fülle und Einhelligkeit verbreitet wurden. Ein ebenso liberalistisches wie kollektivistisches Menschenbild eskalierte geradezu. Wie in einem Rausch wurde Emanzipation von allem und jedem zum vorrangigen Slogan: Emanzipation von der Familie, von der tradierten Moral, von der Ehe auf Lebenszeit, Enttabuisierung der Sexualität, Abtreibungserlaubnis – Hauptsache Freiheit und damit eben dann bald immer öfter artikuliert: Emanzipation auch von Gott und schon ganz und gar Befreiung des „Muffs von tausend Jahren unter den Talaren", nicht nur bei den Machthabenden der Welt, sondern vor allem von denen der Kirche und denen in ihrer Hierarchie Dienenden.

Hybris begann sich mit rasendem Tempo auszubreiten. „Genieße den Tag" und „Probier alles aus", wurden zu den übermütigen Devisen unserer Zeit. Das Maß ging verloren, das sorgsame Fragen: „Dürfen wir alles tun, was wir tun können?", blieb auf der Strecke. Daß Kinder vom Mutterleib an des seelischen Schutzes, der sorgsamen Pflege bedürftig sind, geriet deshalb ebenfalls aus dem Blickfeld. Die Notwendigkeit, Kindern durch die Vermittlung von Gut und Böse via Schulunterricht zur Orientierung zu verhelfen, wurde geradezu vergessen. Das führte zu einer unsäglichen Verwilderung, zum seelischen Krankwerden, zu einer emotionalen Schwächung in der jungen Generation, zumal den Müttern ihre Grundaufgabe: Bewahrerinnen der Kinder zu sein, geradezu ausgetrieben wurde. Die Frauen besonders büßten auf diese Weise ihre bewahrende und religiös voranlaufende Funktion mehr und mehr ein.

Der verweltlichte Zeitgeist drang so auch immer mehr in die Kirchen ein. Die evangelische Kirche wurde dadurch in ein eher politisches Fahrwasser gedrängt und verlor ihre Mitglieder zuhauf. Die katholische Kirche, unerschüttert zwar vom römischen Fels gehalten, wurde durch fehlgeleitete Insider, die modernistischen Geist vorantrieben, zunehmend mehr verstört. Der Staat sank zu einem Erfüllungsgehilfen der veröffentlichten Meinung herab, wodurch vor allem die Rechtsprechung z. T. in einen Sog liberalistischer Unwirksamkeit geriet. Immer leichtfertiger, immer unnachdenklicher gab sich die Bevölkerung diesem Schnellzug ihres Zeitgeistes hin, obgleich die bedenklichen Folgen ständig sichtbarer wurden. Es setzte ein nicht revidierbarer Geburtenschwund ein und ließ den Generationenvertrag an die Grenze der Unerfüllbarkeit geraten, Abtreibungen, Ehescheidungen, Kriminalität und seelische Erkrankungen eskalierten. Dadurch auch vermehrte sich die Arbeitslosigkeit in einem gigantischen Ausmaß.

Dieser rasante Niedergang innerhalb von wenigen Jahrzehnten fand in vielen einzelnen Etappen statt, die den Klarsichtigen tief erschrecken mußten. Und dennoch blieben die Proteste und Gegenmaßnahmen – von dem Trüppchen Vernünftiger

148

und Verantwortungsbewußter anberaumt – regelmäßig erfolglos. Sie scheiterten an den manipulatorischen Großkampagnen der elektronischen Medien, die die Hirne der Massen umnebelten und sie veranlaßten, getreulich im scheinbar fortschrittlichen Trend schläfrig mitzulaufen. Die großen Dome, die den Krieg überstanden hatten oder wiederaufgebaut worden waren, füllten sich nur noch zu spektakulären Großveranstaltungen. Auf den Märkten, in den Fußballstadien, in den Hallen mit Popsängern nur noch barst stattdessen die Luft von den schrillen Begeisterungsschreien der Massen – von Rauschgift und Alkohol aufgeheizt, zu hysterischen Entäußerungen angefacht durch dämonisierende Rhythmen.

Das Miterleben der vielen einzelnen Ereignisse und Etappen ließ Reinhold Schneiders Gedicht immer öfter gegenwärtig werden – mit Trauer und Bedrücktheit einerseits, aber dennoch mit einem tief beglückenden Trost: Reinhold Schneider sah damals Gottes Strafgericht auf Deutschland zukommen, als er diese Verse schrieb. In Strömen von Blut und Billionen Tränen fand es dann unmittelbar darauf statt. Aber dennoch wurde die nächste Generation in Deutschland mit Wohlstand gesegnet.

Heute ist es abermals so, daß „Menschenhochmut auf dem Markte feiert", aber auch heute gibt es in den Domen wieder die klein gewordene Schar der stillen Beter. Auch ihnen bleibt heute nichts anderes übrig, als gebeugt zu schweigen, wenn sich Hohn und Spott wegen ihres „veralteten, abgehobenen Glaubens" über sie ergießt; aber es ist nirgendwo überliefert, daß Gottes Gnade von der Meinung der Mehrheit abhängt.

Besonders die drei letzten Verse beschenken mit Hoffnung: „Bis Gott aus unseren Opfern Segen wirkt... und trockne Brunnen wieder sich mit Leben füllen". Auf das Festhalten am Glauben kommt es danach an. Was wir an Opfern bringen, hat Anteil an einer sich vielleicht erneuernden Bereitschaft Gottes, neues Leben sprudeln zu lassen, nachdem die Lebenskraft durch Selbstzerstörung und durch den Abfall von Gott versiegt, eben, wie Reinhold Schneider sagt, „vertrocknet" ist.

Was für eine Verheißung! In ihr ist kein Platz mehr für Resignation. Sie läßt jede Minute des Lebens kostbar werden, macht sie wertvoll, wenn wir nur handeln, wie es lebensfördernd ist. An unserer „Selbstbestimmung" dürfen wir in dieser Situation nicht weiter festhalten. Vielmehr müssen wir uns dem befreienden Wissen öffnen: Sich dem vor Gott zu verantwortenden Lebensauftrag zu stellen, das heißt, der Zukunft zu dienen.

Menetekel an der Wand des Welttheaters

Ja, gewiß doch, das monatelange Spektakel in Washington ist in der Tat „zum Kotzen", wie Altbundeskanzler Kohl sich zu der weltweiten Publikation der Clinton-Lewinsky-Affäre geäußert hat; aber ist es nicht letzlich doch mehr als eine den mächtigsten Mann der Welt grenzenlos beschämende, ja, ihn entwürdigende Wahlkampfstrategie der Republikaner, ein erbarmungsloser Kampf um die Macht im Weißen Haus? Ist es nicht eine absolute Einmaligkeit in der Geschichte der Erde, daß gewissermaßen praktisch allen erwachsenen, ihrer Sinne mächtigen Menschen der Weltbevölkerung ein drastischer Anschauungsunterricht in Sachen Sex geradezu aufgenötigt wird – der über die privaten Angelegenheiten des Präsidenten und die Staatsräson der USA weit hinausgeht?

Wird da nicht mit riesigen Lettern ein Menetekel für jeden von uns an die Wand unseres Zeitalters projiziert? Ist nicht seit 40 Jahren bei den ehemals christlichen Gesellschaften in dieser Hinsicht „alles erlaubt, was gefällt" , wenn es nur Spaß macht? Ist dadurch in unserem Zeitgeist nicht längst Maß und Mitte verlorengegangen? Soll nicht vielleicht durch diese makabere Geschichte jedem von uns deutlich werden: „Wer die Sünde tut" (der wird nicht „zur Sexualität befreit"), sondern „wird der Sklave der Sünde", lehrt uns Christus im Johannesevangelium (Joh 8,34).

Es scheint Zeit zu begreifen, daß selbst die höchste weltliche Macht von dieser Wahrheit nicht ausgenommen ist. Ist der so tief gedemütigte Clinton nicht Mahnzeichen dafür, daß das Sexzeitalter die Menschheit in eine Sackgasse geraten ließ und daß dort keineswegs Mister President allein mit dem Rücken an der Wand steht? Schließlich sind die Sprechzimmer der Psychotherapeuten, der Rechtsanwälte, der Frauenärzte, der Virologen und der Onkologen voll mit Menschen, deren Unglück, Probleme und Krankheiten eine Folge der Übersexualisierung unserer Zeit sind. Geht also das Geschehen in Washington nicht doch alle etwas an? Immerhin werden wir durch die minutiöse Veröffentlichung des Clinton-Verhörs sogar darüber zum Nachdenken gebracht, wie Sex überhaupt zu „definieren" sei. Und konnte nicht jeder, der zuhörte und zuschaute, zu der Erkenntnis kommen, daß es nötig ist, endlich einzuhalten – auch mit dem publikationswütigen, exhibierenden, entwürdigenden Voyeurismus in die Intimsphäre hinein –, weil hier ganz von der Tiefe her etwas aus der Ordnung geraten ist und weil es sich generell als unbekömmlich erwiesen hat, die Sexualität aus ihrem geschöpflichen Zusammenhang herauszureißen?

In Wahrheit scheinen es doch nicht nur der barbarische, über Leichen gehende Bundesanwalt Starr und die Mehrheit des Kongresses zu sein, die uns mit solchen Fragen konfrontieren. Hier wird vielmehr – vom Präsidenten der Weltpolizei USA persönlich repräsentiert – ein mächtiges Stück Zeitgeist demontiert: jener Geist, der es bisher nicht nötig hatte, die Stimme des Gewissens auch nur zu beachten, geschweige denn zu befolgen, wenn sich der Mensch dem Sex-Mainstream aussetzte. Wurde ihm nicht inzwischen das selbstherrliche Outfit entrissen, so daß zutage tritt, wovon die Figur dieses zum Sex befreiten Zeitalters gekennzeichnet ist: von Selbstüberschätzung, die in Jämmerlichkeit und Versagen endet! Könnte die ganze Geschichte nicht den Sinn haben, daß wir endlich wieder auf dem Teppich der Realität landen: bei der Erkenntnis unserer Anfechtbarkeit, Schwachheit und Verführbarkeit?

Ja, schließlich wird in den Großlettern aus Washington sogar Archetypisches sichtbar, das wir als kaum noch relevant im Sex-Höhenrausch beiseite gelassen haben: Die Frau ist in ihrer Beziehung zum Mann nicht einfach nur noch das sich freiwillig darbietende Lustobjekt für „one-night-Abenteuer under pills", ohne Risiko, sich zu binden und Verantwortung zu übernehmen. Sie wird, wenn der Mann es darauf absieht und nicht wachsam ist, auch heute nur allzuoft wieder die Ur-Eva, die lockt – meist sogar mit zwei Äpfelchen, genau wie die kleine Monica im Präsidentenkorridor –, lockt zum harmlos scheinenden Übertreten der Grenzen... Und doch gehen dabei auch heute noch jede Menge Paradiese verlustig – wenn auch noch nie bisher in der Geschichte das einflußreichste Präsidentenamt der Welt dabei zur Disposition stand.

Aber halt – vielleicht wird dieses Amt sogar zu retten sein, ja, im besten Fall eine allgemeine Einstellungsänderung bewirken können – und damit Ausweg für eine in die Irre gegangene Menschheit; denn *einer* urtypischen Falle hat sich Mister President mit einem eindrucksvollen Salto Mortale entwunden: Er hat sich nicht – wie Adam – hinter der Ausrede versteckt: „Das Weib gab mir die Frucht, und ich aß!" Er hat der verliebten Monica, die es offensichtlich darauf abgesehen hatte, sich durch ihre scheinbare Sex-Unterwürfigkeit den König der Welt zu unterwerfen, nicht die Schuld in die Schuhe geschoben. Diese jämmerliche Ausrede (obgleich sie ein Stück Wahrheit enthält) kam nicht über seine Lippen. Er hat stattdessen – wenn auch erst unter dem massiven Druck der Beweise – seine Schuld eingestanden und alle Menschen seines Umkreises, denen er geschadet hat, vor allem aber seinen Gott offen vor aller Welt um Vergebung gebeten. Darin – allein darin liegt eine Chance für den Mann Clinton.

Mit seinem öffentlichen Gebet zu Gott, mit seiner Bitte um Begnadung besteht letztlich nicht nur für den Herrn des

Weißen Hauses allein eine Chance zur Umkehr, sondern für die ganze Christenheit, wenn sie sich zu ihrem Heil mit dieser Reaktion des gefallenen Clinton identifiziert: Die Menschen könnten sich dann ihrer Schwachheit, ihrer Verführbarkeit, ihrer Erbarmungswürdigkeit als einer allgemeinen, dringend beachtenswerten Realität bewußt werden. Sie könnten neu begreifen, daß es deshalb nicht nur klug ist, sich an die von Gott vorgegebenen Grenzen menschlicher Freiheit zu halten. Sie könnten darüber hinaus erkennen, wie bedürftig die gefallene Schöpfung der langmütigen Gnade eines barmherzigen Gottes ist. Aber die will erbetet sein. Und deshalb sei das „Miserere nobis!" der Weisheit letzter Schluß – auch bei der Geschichte aus Washington.

Das Konzept der Essays
– ein eher persönliches Nachwort

Die vorliegende Sammlung von Aufsätzen ist aus meiner Tätigkeit als Kinder- und Jugendlichen-Psychotherapeutin hervorgegangen. Bereits in den 60er Jahren stieß ich auf die zunehmende Zahl typischer Verhaltensstörungen: Nägelbeißen und Lippenlecken, Wangenhautbeißen und Daumenlutschen, Jactationen und pathologisches Harnen (Enuresis diurna und nocturna). Aggression und Selbstbeschädigungen, Schlingen der Nahrung, Überfressen und Verwahrlosungserscheinungen bei Jugendlichen häuften sich. Gleichzeitig bekam ich in dieser Zeit Kontakt mit dem Max-Planck-Institut Seewiesen, vor allem dort mit Konrad Lorenz. Ich vertiefte mich in sein Triebkonzept und erkannte, daß die Störungen meiner kleinen Patienten vermutlich durch typische Abweichungen von den Triebabläufen entstanden, die Lorenz als gesetzmäßige Vorgänge bei Tieren beschrieben hatte.

Vielerlei Ähnlichkeiten mit Verhaltensstörungen bei gefangenen Säugetieren ließen sich erkennen, und so begann ich, mich ausführlich mit dieser Forschung zu beschäftigen, mit den Ergebnissen von Nico Tinbergen, Köhler, Portmann und Inhelder. Zusammen mit dem Zoologen Illies baute ich darauf eine Antriebslehre auf. Kurzgefaßt besagt sie, daß die wichtigsten Lebensantriebe des Menschen: der Nahrungstrieb, der Bindungstrieb, der Selbstbehauptungtrieb und der Geschlechtstrieb, in der frühen Kindheit bis zum 7. Lebensjahr entwickelt bzw. vorbereitet werden (der Nahrungs- und Bindungstrieb in der Säuglingszeit, der Selbstbehauptungtrieb in der 2-5jährigkeit, die Vorbereitung der sexuellen Objektwahl in der 5-7jährigkeit). Dabei stützte ich mich auf die bereits vorhandenen Erkenntnisse der neoanalytischen Schultz-Hencke-Schule, in der ich ausgebildet war.

Diese Antriebe bilden die gesunde Lebensbasis des Menschen, auf der er sein eigentliches Spezifikum, sein Menschsein, aufbauen kann. Zwar hat der Mensch mit den höheren Tieren diese Basis, die sich nach Naturgesetzen vollzieht, gemeinsam, aber er ist gleichzeitig darauf angelegt, über sie hinauszuwachsen, und zwar aufgrund seiner Möglichkeit zur Reflexion, zur Einsicht und das heißt zu bewußtem vernünftigem Handeln.

Während es im Bereich der Naturgesetze roh um die Erhaltung des Lebens, um den Fortbestand der jeweiligen Art geht, in das das einzelne Lebewesen eingeflochten ist, hat der Mensch die Möglichkeit, über diesen notwendigen Rahmen seiner Existenz, über sein Ego hinauszuwachsen und so erst sein eigentliches Menschsein zu verwirklichen. Aber die Voraussetzung dazu ist die Entfaltung einer gesunden Basis der Grundantriebe.

Wird das in statu nascendi gestört, so kommt es zu schweren Fehlentwicklungen, die gerade nicht zur Ausweitung eines freien Spielraums, sondern zu seiner Verengung führen. Werden die Grundtriebe falsch gepolt, so kommt es zu typischen seelischen Erkrankungen mit typischem, stereotyp ähnlichem Fehlverhalten – auf dem Boden des am Lebensanfang falsch gepolten Nahrungstriebes z. B. zu Aktivitäten süchtiger Gier und zu Eßproblemen, zu räuberischen Übergriffen oder zu resignierten Depressionen. Auf dem Boden des falsch gepolten Selbstbehauptungstriebes kommt es zunächst zu Aggressionen oder Aggressionshemmungen, später zu Gewalttätigkeiten oder Zwangsneurosen, auf dem Boden der falsch gepolten Objektwahl des Geschlechtstriebes später zu Perversionen, Promiskuität oder Sexualstörungen, im Sinne von süchtigen Fehlhandlungen auch auf diesem Sektor.

Fehlpolungen in der Kindheit sind gravierend, weil sie schwer reversibel sind. Allerdings gibt es beim Menschen in seiner Kindheit, etwa bis zum zwölften Lebensjahr, noch erhebliche Revisionsmöglichkeiten früherer Beschädigungen. Junge Bäumchen sind eben noch biegbar. Im Erwachsenenalter stößt Psychotherapie an die Grenze fest eingebahnter Charakterstrukturen. Allerdings hat die Psychotherapie, besonders die Verhaltenstherapie, hier manche gut wirksame Praktiken entwickelt, um Stereotypien einzudämmen.

Es muß an dieser Stelle allerdings hinzugefügt werden, daß auch ein psychisch relativ gesunder Mensch noch im Erwachsenenalter Triebstörungen willentlich provozieren kann, dadurch, daß er die Triebe aus ihrem urtümlichen Zusammenhang (z. B. zu essen, um seinen Körper zu erhalten) willentlich löst und absolut setzt, aber mit dem immer viel zu hohen Preis, daß er seine Freiräume auf diese Weise nicht ausweitet, sondern durch süchtige Fesselung an den Trieb, also durch Selbstgefangenschaft einbüßt, indem der jeweilige Trieb ihn zu beherrschen beginnt, statt daß er ihn – im Bemühen um menschliche Höherentwicklung – mit seinem vernünftigen Willen beherrscht.

Dieses Konzept mußte mich in die Öffentlichkeitsarbeit treiben; denn es ließ erkennbar werden, daß eine liberalistische Gesellschaft, die ihre Freiheit überschätzt und gleichzeitig durch die Technik ungeahnte Möglichkeiten der Machbarkeit erhält, in eine riesengroße Gefahr geraten würde: in die Gefahr, Kinder immer willkürlicher und nach eigener Maßgabe zu betreuen, in einer Weise, die einer massenhaften Fehlentwicklung der vitalen Triebe Vorschub leisten würde. Man konnte voraussagen, daß bei einigermaßen gleichen Umständen viel Kriminalität (und zwar vor allem Diebstahl-, Raub- und Gewaltkriminalität), daß Süchte aller Art (besonders auf dem Boden der häufig auftretenden neurotischen Depressionen) entstehen und daß vor allem auch die Perversionen (besonders Homosexualität und Pädophilie) zunehmen würden.

Diese Erkenntnisse waren das Motiv auch zur Gründung eines Vereins „Verantwortung für die Familie e.V.", mit Sitz in Uelzen; denn es galt nicht nur zu warnen, sondern vor allem Vorschläge zur Prävention von Grundauf zu machen. Es war deshalb auch meine Intention, mit der vorliegenden Schrift die Entwicklung der letzten 30 Jahre in Form einzelner Essays aufzuzeigen.

Jeder nachdenkliche Zeitgenosse vermag nach der Lektüre gewiß zu erkennen, daß die erweiterten Möglichkeiten zur Ausweitung seiner Freiräume den Menschen nicht zugleich menschlicher gemacht haben. Seine Ausweitungen blockieren vielmehr seine weitere Entfaltung, ja, sie führen zu Regressionen und leiten schließlich zerstörerische Entwicklungen ein. Diese Erfahrung läßt sichtbar werden, daß die Höherentwicklung zu einem spezifisch menschlichen Leben nur sehr schwer aus eigener Kraft gelingt. Wie Goethe seinen Mephisto am Beginn des Faustdramas sagen läßt, gleicht der Mensch eben eher jener „langbeinigen Zikade, die fliegt und fliegend springt und gleich darauf im Gras ihr altes Liedchen singt".

Eindrucksvollerweise stimmen die Schlußfolgerungen aus diesen Beobachtungen mit dem anthropologischen Entwurf der Bibel überein. Auch danach besteht der Mensch zwar weitgehend aus rohem Naturmaterial (aus Lehm formte Gott den Menschen, sagt die Genesis). Dieses Grundmaterial ist nötig, um ihn materiell lebensfähig zu machen. Dennoch besitzt er Gaben, die ihn selbst über das am höchsten entwickelte Säugetier, den Schimpansen, weit hinausheben: laut Genesis den Anhauch Gottes mit seinem Lebensatem, dem der Liebe und der Vernunft.

Mit Hilfe dieser Kraft Gottes hat der Mensch die Aufgabe bekommen, die Natur draußen – aber auch die Natur in sich selbst – pfleglich, maßvoll zu bewahren, aber gleichzeitig einzudämmen, zu beherrschen. „Macht Euch die Erde untertan!", sagt die Genesis. Er ist für diese Aufgabe weitgehend von Gott mit Freiheit ausgezeichnet worden, aber er bedarf zu ihrer Erfüllung der horchenden Ausrichtung nach dem Willen des Schöpfers, da er allein zu schwach ist, um diese Aufgabe zu bewältigen. Er gerät sonst immer neu in die Gefahr, in tierische Verhaltensweisen zurückzufallen und braucht seine Freiheit dann dazu – um noch einmal mit Goethes Mephisto zu sprechen –, schließlich „tierischer als jedes Tier zu sein".

Wie das in unserer Gesellschaft aussieht, läßt sich auf Schritt und Tritt beobachten: nicht nur an den Schrecken der sexualsüchtigen Kindermörder, sondern besonders auch in Gestalt der so vielfältigen Wucherungen des Selbstbehauptungstriebes mit all dem Ellenbogen-Gerangel, das den allgemeinen Lebensstil heute beherrscht. In unserer Gesellschaft ist ein niederer Lebensstil dieser Art geradezu üblich geworden. Wie das Tier trachtet man häufig danach, auf Kosten anderer vorrangig allein für seine eigene Lebenserhaltung zu sorgen, sein eigenes Territorium zu verteidigen bzw. auszuweiten durch mehr Besitz, durch mehr Karriere, durch mehr Ansehen, wobei es zu vielfältigen Forkelkämpfen kommt und der Schwächere weggebissen wird. Um Machtgerangel dieser Art geht es oft in den kleinsten Gruppierungen, in Vereinen, in der Familie, gänzlich unverblümt in der Politik, oft aber traurigerweise auch in den Gemeinschaften der Kirchen. Ohne Bewußtsein über das Unwürdige solchen Verhaltens geht es dann häufig mit all dem Gehacke und Flügelschlagen wie auf dem Hühnerhof zu.

Besonders diese Erfahrung mit unseren Zeiterscheinungen lehrt, daß der Mensch auf eine ihn orientierende überpersönliche geistige Instanz geradezu angewiesen ist – eben auf Gott; denn wenn er irgendwelchen Götzen (nicht nur den Triebgötzen, sondern etwa einen selbstherrlichen Machthaber, einen Demagogen, einen Menschen also wie Stalin oder Ho Chi Minh oder Hitler) an diese Stelle setzt, geht über kurz oder lang alles in Blut und Tränen unter. Das Geistprinzip, das allein diese mächtige kreatürliche Verhaftung und Überdehnung zur Maßlosigkeit einzudämmen in der Lage ist, ist laut Bibel die opferbereite vernunftbegabte Liebe.

Doch diese Liebe ist nicht einfach ein Ding an sich. Sie ist Gottes persönliches Angebot an jeden einzelnen Menschen – aber er muß sich danach ausstrecken. Sie ist ihm zwar bereits eingegeben, aber jeder mündige Mensch bedarf in einer persönlichen Entscheidung einer direkten Verknüpfung, einer Anbindung an Gott, wie es z. B. bei dem Michelangelo-Bild der Erweckung des Adam in wunderbarer Weise aufgezeigt ist.

Die bewußte Entscheidung zur freiwilligen Bindung an Gott leitet fundamentale segensreiche Entwicklungen ein. So bekommt z. B. der Mensch durch opferbereite Pflege der Kinder eine unmittelbare Möglichkeit zur Verwirklichung von Gottes Zielen mit der Schöpfung. Die den Kindern übermittelten liebevollen Vorleistungen der Erwachsenen ermöglichen deshalb generell mehr Chance zu seelischer Gesundheit, mehr Chance zur Entwicklung von Hochintelligenz, und das heißt: mehr Chance zur Kultivierung der Menschheit. Hier schließt sich der Kreis: Die Mutter mit dem Kind an der Brust, der Vater, der sie beschützt, ist eine gleichnishafte Konkretion für die generelle Intention des Schöpfers mit der Schöpfung. Die opfervolle Bindung der Eltern an das Kind entspricht der opfervollen Bindung Gottes an den einzelnen Menschen. Deshalb ist das Bild der Heiligen Familie überzeitlich – und damit auch für die Menschen heute – von vorbildlich bleibender Bedeutung.

Aber nicht nur im Bereich der Familie entsteht dadurch segensreiche Aufwärtsentwicklung. Wird für den Menschen die Liebe zum Maßstab seines Lebens, kann er souverän auf dem Boden seines christlichen Wertsystems auf egoistische Machtausweitungen eher verzichten. Rücksicht, Vergebungsbereitschaft statt Rache, die Bereitschaft zum Teilen und zur Mitverantwortung werden dann für den Menschen erstrebenswerter als die Befriedigung und Absolutsetzung der Basistriebe.

Die Bibel vermittelt mit diesem Konzept die Antwort auf den Sinn der Lebensvorgänge, auf den Sinn besonders der menschlichen Existenz. Gott hat auf unserem Stern eine Welt geschaffen, in der sich Lebewesen nach vorgegebenen Naturgesetzen in unermeßlicher Fülle entfalteten. Nach dem Gesetz des Stärkeren hat er sie zur Entwicklung freigegeben, wie es vor allem in der Hiobgeschichte dargelegt wird. Aber die Natur entspricht in ihrem Wesen noch nicht dem Ziel Gottes mit der Schöpfung. Er möchte die Erde nicht endgültig von der Natur beherrscht sehen. Er hat den Menschen zu ihrer Eindämmung berufen.

Deshalb wird laut Bibel in der Geschichte des Volkes Israel Gottes Zorn immer dann ganz besonders heraufbeschworen, wenn die Juden auf die Anbetung von Naturgöttern und -göttinnen zurückfielen. Die Natur soll auf dieser Erde nicht dominieren, sie soll vielmehr in das ihr überlegene Prinzip des Geistes integriert werden, in jeder einzelnen Person, aber auch als Ziel jeglicher gesellschaftlichen Entwicklungen. Die Anbetung von Naturgöttinnen, z.B. von Astarte und Aschera, hatte deswegen für das auserwählte Volk stets besonders üble Folgen.

Das Ziel Gottes mit der Schöpfung wird als machtvolle Offenbarung durch die Berichte der Evangelisten über die Herkunft, das Wirken, Sterben und Auferstehen von Jesus Christus geoffenbart: Diese Darstellungen sind von Anfang bis Ende von übernatürlichen Vorgängen bestimmt. Das Überschreiten der Naturgesetze durch Gott ist die zentrale Offenbarung des Schöpfers mit Hilfe dieses Geschehens. Es ist deshalb eine Anmaßung, wenn die moderne Theologie die Wahrheit dieser Aussage zu relativieren sucht. Sie rüttelt damit an der Grundaussage des christlichen Glaubens, und das hat deshalb auch für unsere Zeit nicht nur Glaubensverlust, sondern allgemeinen seelisch-geistigen Niedergang zur Folge.

Die Anbindung des mündigen Menschen an Gott setzt – wie gesagt – seine Freiwilligkeit, die Freiheit der Willensentscheidung voraus. Deshalb bleibt der Mensch (und ganz gewiß erst recht, wenn seine Triebbasis brüchig ist) immer in der Gefahr, das ihn hinanziehende Band auszuschlagen und in sein Zikadendasein zurückzusinken – wie es denn auch die Genesis vom ersten Menschenpaar berichtet. Verfehlen des Paradieses findet seitdem ohne Ausnahme wohl in jedem Leben immer neu statt und bedarf deshalb der häufigen Bemühung um Wiederherstellung der Verbindung mit Gott, die durch die Erlösungstat von Jesus Christus seit 2000 Jahren immerhin für den Einsichtigen, den seinen Stolz bezwingenden reuigen Sünder, zu seinem Heil als ein überschwenglicher Beweis von Gottes Liebe möglich geworden ist.

In diesem Band sollte also in einzelnen Konkretionen vermittelt werden, was hinter all meinen publizistischen Äußerungen als geistiger Hintergrund steht:

1. Daß es für jeden einzelnen Menschen einen allgemeingültigen Lebenssinn gibt. Er besteht darin zu erkennen, daß jeder vom Schöpfer mit einer Aufgabe in diese Welt gestellt worden ist. Sie heißt: erstens die kreatürliche Lebensbasis sorgsam zu entwickeln und zu pflegen, sie dann aber eindämmend unter den Primat der Liebe zu stellen und darüber hinaus spezifische Begabungen zur Entfaltung zu bringen, um sich auf diese Weise als freier Mitarbeiter dem Ziel Gottes anzunähern: der Verwirklichung seines Geistes hier auf der Erde. („Dein Reich komme wie im Himmel so auf Erden", heißt es deshalb im Vaterunser.)

2. Daß der Mensch infolge dieser Zielsetzung einer sorgsamen, phasenspezifischen Erziehung bedarf. Zunächst braucht es eine liebevolle, opferbereite Betreuung der Kinder durch die leiblichen Eltern, die durch ihre Zeugung in die Verantwortung für sie berufen wurden, damit sich die Triebbasis zunächst voll ausfalten kann, um den Kindern dann allmählich zu einer sorgsamen Eindämmung ihrer zum Wuchern neigenden Natur zu verhelfen, und zwar durch das Setzen von Grenzen – ein Vorgang, der durch ein horchendes Hinauflieben zu Gott sein Maß und sein

Korrektiv erhält. Dazu gehört auch eine besondere Bemühung, den Jugendlichen eine geistige Orientierung zu vermitteln, ein Bewußtmachen über den Sinn ihres Daseins, über die Notwendigkeit einer bewußten Entscheidung für Gott und damit zur Mitarbeit für das Leben, für die Liebe, gegen den Geist der Nivellierung, der Zerstörung, des Todes.

3. Daß der erwachsene Mensch lebenslänglich einer täglichen kritischen Selbsterziehung bedarf, einer Religio, einer Rückbindung an Gott, um sein Leben menschlich, liebevoll und vernünftig und das heißt: gottgefällig zu gestalten

Diese Entscheidung für die Liebe bedarf täglicher Ausrichtung innerhalb unserer vielfältigen Konflikte, ist dann allerdings wertvollster Dienst für Gott. Durchhaltendes Mühen dieser Art aber kann erfahrungsgemäß geradezu wunderbare Tore öffnen, zu völlig unverhofftem Segen, zu positiven Schicksalsweichen, ja, auch zur Heilung von schwerster, eigentlich irreversibler psychischer Beeinträchtigung. Sie bewirkt so mystische Erfahrung von Gottes Nähe, ist Annäherung an das Lebenszentrum, ist Vorgeschmack einer Ewigkeit, in der der Tod, der Widersacher nicht mehr existent ist.

Diese Vorstellung macht es möglich, das Leben mit dem „Mut zur Demut", wie Max Thürkauf das genannt hat, zu bestehen. Es macht uns unsere Schwäche, aber gleichzeitig unsere Möglichkeit zur Kräftigung durch Anrufung und Anbetung Gottes, durch Gebet und kirchliche Einbindung sichtbar; aber sie bringt uns auch – weit über Elternaufgaben hinaus – hinein in die heute unabdingbar gewordene Verantwortung für das so schwer bedrohte Schöpfungswerk.

Mein Leben

Herausgefordert vom Zeitgeist

Autobiografie Christa Meves

2. Auflage 2000
272 Seiten mit 12 s/w-Fotos
Französische Broschur
€ 14,32
ISBN 3-930039-68-0

Christa Meves ist die wohl bekannteste Einzelkämpferin des 20. Jahrhunderts. Weder in Partei oder Forschungseinrichtung, noch in sonstige Organisationen eingebettet, setzte sie sich mit einer umfangreichen Öffentlichkeitsarbeit für die Schwächsten der Gesellschaft, für die Kinder und ihre sinnvolle Entwicklung, ein.

Diese über Jahrzehnte dauernden Bemühungen schlugen hohe Wellen. Von erbitterten Angriffen bis zu höchster Ehrung, als begehrter Ratgeber von Kanzler und Kultusministern sowie unentbehrlicher Helfer von Eltern, die Schwierigkeiten mit ihren Kindern haben. Ihr Resümee aus einem 75-jährigen Leben: Zweimal hat sich Deutschland Ideologien zugewandt und seine christliche Basis aufgegeben, einmal im Dritten Reich, das andere mal unter dem Einfluss der 68er-Bewegung. Die Ergebnisse sind jedesmal katastrophal, ein zerstörtes Land im ersten Fall, zerstörte Seelen im zweiten.

Diese Autobiografie ist in Gesprächsform wiedergegeben; Fragen der jungen Dr. Andrea Dillon, mit der die bekannte Psychotherapeutin nun schon viele Jahre zusammenarbeitet, leiten neue Gedanken und Aussagen ein. So werden grundlegende Entwicklungen aufgezeigt, wie Christa Meves zu bestimmten Einsichten kam, aber auch eine Menge zum Schmunzeln anregende Begebenheiten aus einem reichen und vielfältigen Leben.

Dr. Ingo Resch Verlag

Maria-Eich-Straße 77 · D-82166 Gräfelfing · Tel. 089/8 54 65-0
Fax 089/8 54 65-11

Christa Meves

Erziehen lernen

Was Eltern und Erzieher wissen sollten

2. Auflage 2000, 288 Seiten, div. farbige Abb.
€ 15,24
Format DIN A5, ISBN 3-930039-51-6

Dieses hilfreiche und sympathische Kursbuch
für Eltern und Erzieher stellt eine völlig überar-
beitete Neufassung des schon früher erschiene-
nen Titels „Erziehen lernen" dar. Auch dieses
mit zahlreichen, teils 4-farbigen Bildern ange-
reicherte Buch, ist mit großem Verantwortungsbewußtsein und mit menschlichem Enga-
gement geschrieben. Es zeigt, angefangen von den ersten Lebensjahren bis
zum Ende des Jugendalters, welche Probleme in den verschiedenen Phasen
auftauchen und wie man sie erzieherisch lösen kann. Christa Meves stellt
dar, wie sich Bindungen vollziehen, beschreibt Erziehungsschwierigkeiten
und Auswege aus Konfliktsituationen sowie die Faktoren und Kräfte, die
den Menschen in seiner Entwicklung entscheidend beeinflussen.

Viele Fallbeispiele aus der Beratungspraxis der Autorin erleichtern es, die
mitgeteilten Erfahrungen in den eigenen Erziehungsalltag zu übertragen. Es
genügt nicht, die Maßstäbe für die Erziehung aus dem eigenen Erleben und
den persönlichen Erfahrungen zu finden; doch ist der Mensch durch Erziehung nicht „restlos machbar". Die Beschäftigung mit psychischen Erkrankungen hat ergeben, daß den erzieherischen Eingriffen Grenzen gesetzt sind.
Es geht darum, die „natürlichen Entwicklungsbedingungen für den Menschen" zu erkennen und danach das erzieherische Handeln auszurichten.
Am Ende jedes Kapitels ist der angebotene Stoff kurz und prägnant zusam-
mengefaßt.

„Erziehen lernen" gilt als ein Hauptwerk der bekannten Kinder- und
Jugendlichenpsychotherapeutin aus Uelzen. Die anschauliche Darstellung,
die übersichtliche Gliederung und der handfeste Praxisbezug haben das
Buch von Christa Meves zu einem Standardwerk der modernen Pädagogik
werden lassen. Für Eltern, Lehrer und Erzieher stellt es eine wichtige Fund-
grube an Erkenntnissen dar.

Dr. Ingo Resch Verlag

Maria-Eich-Straße 77 · D-82166 Gräfelfing · Tel. 089/8 54 65-0
Fax 089/8 54 65-11

Christa Meves / Dieter Günter

Schulnöte

Vorbeugen und abhelfen

1. Auflage 1996, 176 Seiten
€ 10,12, Format DIN A5
ISBN 3-930039-52-4

Die moderne Schule hat den Eltern die Sorge um Schulleistungen nicht abgenommen – im Gegenteil: Die inzwischen verwirklichten Reformkonzepte, eher am grünen Tisch als aus der pädagogischen, kindnahen Praxis entwickelt, haben Müttern und Vätern neue Belastungen aufgebürdet. Wie man diesen Belastungen beikommen kann, zeigen die beiden fachkundigen Autoren auf. Sie gehen davon aus, daß man Kindern nur wirksam helfen kann, wenn man die Ursachen ihrer Lern- und Arbeitsschwächen kennt. Diese liegen teilweise bereits in vorschulischen Erziehungsfehlern, teilweise in der Struktur des Unterrichts heute. Verkopfte Lehrpläne, Stoffhäufung, Auflösung der Klassenverbände und generell das Ausbleiben der inneren Schulreform tragen dazu bei, die Lust am Lernen zu schmälern. Lehrer, die sich nicht als „Stundengeber", sondern als Partner im Erziehungsprozeß verstehen, können in Partnerschaft mit den Eltern dennoch vieles ausgleichen.

Zahlreiche Beispiele von Schulkindern, deren „Nicht-Arbeiten-Können" seelische Ursachen hat, sowie eine Analyse der Zustandsbilder mit den entsprechenden Entwicklungslinien zeigen typische Schwierigkeiten auf. An den Beispielen wird deutlich, daß viele Probleme bereits in den ersten Lebenstagen entstehen, daß Leistungsstörungen, Kontaktschwächen, Desinteresse, Passivität, Perfektionismus und Konzentrationsschwierigkeiten bereits im Elternhaus „eingeübt" werden.

Die Gegensteuerung nicht allein den Lehrern zu überlassen, ist der dringliche Rat der Autoren. Ihre therapeutischen Vorschläge machen Mut, schon vor Schulbeginn die charakterlichen Voraussetzungen dafür zu schaffen, daß das Kind dem modernen Schulstreß gewachsen ist. Die vielen praktischen Erfahrungen, die sich in diesem Buch niederschlagen, sind unentbehrlich für Eltern aber auch für Lehrer und Erzieher.

Dr. Ingo Resch Verlag

Maria-Eich-Straße 77 · D-82166 Gräfelfing · Tel. 089/8 54 65-0
Fax 089/8 54 65-11

Christa Meves / Joachim Illies

Liebe und Aggression
Wie gehe ich damit um?

1. Auflage 1996, 190 Seiten, € 10,12
ISBN 3-930039-53-2

Kein Mensch ist frei von Aggressionen. Manchmal packt es uns und verleitet zu Reaktionen derer wir uns später schämen. Auch manches Verbrechen ist psychologisch betrachtet eine Aggressionshandlung. Aber nicht grundsätzlich ist die Aggression einfach nur das Böse. Sie kann auch einen lebenserhaltenden Sinn haben, sie kann helfen, sich abzugrenzen und sich einen eigenständigen Spielraum zu schaffen. Nicht viel anders ist es mit dem Lieben. Zwar hat es oft eine biologische Grundlage, kann aber weit darüber hinausreichen. Schlichte Formen des Liebens sind die Grundlage von hochkultivierten Menschen in vollendeter Selbstlosigkeit. Es geht den Autoren vor allen Dingen darum, Informationen über das Wesen der beiden großen Lebenstriebe so zu vermitteln, daß sie besser verstanden werden können und ein angemessener Umgang mit ihnen möglich wird.

Christa Meves / Andrea Dillon

Aber ich will dich verstehen!
Eine Mutter kämpft um ihr Kind

1. Auflage 1996, 175 Seiten, € 6,90
ISBN 3-930039-49-4

Wie verhalten sich Eltern wenn sie in ihren erzieherischen Bemühungen bei den Jugendlichen auf Granit beißen? Wie viele Mütter und Väter erleben es heute daß ihre Kinder – kaum 14 oder 15 Jahre alt geworden – den Eltern den Zugang mehr oder weniger weitreichend versperren? Probleme über Probleme türmen sich auf: unzureichende Motivation für die Schule bis hin zur totalen Verweigerung, ungute Freunde eine Hinneigung zu schädlichen Lebensformen wie Drogenparties und lang ausgedehnte Discobesuche, Unordentlichkeit, Nachlässigkeit, Rücksichtslosigkeit, vor allem aber auch Unverschämtheit im Umgang mit den Eltern lassen diese zu Leidenden werden. Christa Meves und Andrea Dillon haben diese Schwierigkeiten in Form einer Erzählung gekleidet. Das Buch vermittelt realistische Hoffnung.

Dr. Ingo Resch Verlag

Maria-Eich-Straße 77 · D-82166 Gräfelfing · Tel. 089/8 54 65-0
Fax 089/8 54 65-11

Autoren-Gemeinschaft

Wertewandel – Rechtswandel

Perspektiven auf die gefährdeten Voraussetzungen unserer Demokratie

1. Auflage 1997, 196 Seiten, € 14,83
Format DIN A5, ISBN 3-930039-60-5

Seit 1990 wird das Grundgesetz – einst gerühmt als die beste Verfassung der deutschen Geschichte – zunehmend in Frage gestellt. Es gibt kaum mehr einen rechtspolitisch relevanten Bereich, der in seiner Geltungsgrundlage nicht von massiven Versuchen bestimmter Interessensgruppen bedroht wäre, die ihre eigene jeweilige „Vernunftseinsicht" durchzusetzen und zum allgemeinen Rechtskriterium zu erheben trachten. Die Proklamation zum Rechtsbruch unter Berufung auf dem Recht angeblich überlegene Werte in der Demokratie, haben beängstigende Ausmaße erreicht. Von öffentlichen „Regelverletzungen", etwa durch Beteiligung an gewalttätigen Demonstrationen, bis hin zu den diversen Formen der sogenannten Alltagskriminalität wie Steuerhinterziehung, Mißbrauch von Sozialleistungen, Versicherungsbetrug etc., reicht die Palette der Tatbestände. Aber schlimmer noch, als daß weite Teile der Öffentlichkeit jegliches Bewußtsein für Recht und Unrecht verloren haben, ist die offenkundige Hilflosigkeit der Politik gegenüber dieser Entwicklung: Sie agiert in einer Art Vakuum, nachdem eine im ethischen Sinne gute Ordnung des Staates nicht mehr gedeckt wird durch die entsprechenden Werthaltungen und Tugenden der Bürger.

Allen Autoren gemeinsam ist die Erkenntnis des bestehenden engen Zusammenhangs zwischen dem Verfall religiös-christlicher Werte und der Schwächung des Rechtsbewußtseins in Deutschland. Von daher plädieren sie für eine „moralische Wende" mit der Zielvorgabe einer Reetablierung ethischer Normen aus dem Geist des Christentums in Politik und Gesellschaft. Das Buch will einen konstruktiven Beitrag zur Überwindung der herrschenden Werte- und Rechtskrise leisten.

Dr. Ingo Resch Verlag

Maria-Eich-Straße 77 · D-82166 Gräfelfing · Tel. 089/8 54 65-0
Fax 089/8 54 65-11